東京周辺

七福神めぐり

改訂版

ご利益さんぽコース

七福神散歩会 著

メイツ出版

はじめに

七福神とは、日本において、庶民の暮らしに福をもたらすとして信仰されている〝七柱の神〟のことです。古くは室町時代末期、京の庶民の間に〝福の神信仰〟が生まれ、その後、神々の種類も数も一定しないまま全国に広がっていきました。

そして、江戸時代中期からは、お正月に初詣をかねての七福神詣が、江戸庶民の間で大流行。七福神の顔ぶれも次第に、現在の恵比寿・大黒天・毘沙門天・弁財天・布袋尊・福禄寿・寿老人に整えられていきました。

およそ２５０年前に始まったといわれる江戸最古の七福神「谷中七福神」は、東京都台東区・荒川区・北区の７寺院に祀られている七福神をめぐります。ほかの七福神めぐりには神社も入っていますが、谷中七福神は寺院だけとなっているのが特徴です。

七福神を参拝することには、不老長寿、商売繁盛、五穀豊穣、家内安全など、所願成就のご利益があるとされています。多くの七福神めぐりは、半日から二日程度でめぐることができ、近年の御朱印ブームと相まって、新年のイベントとしても定着してきました。

七福神めぐりは、基本的にはご神体が開帳され（ご本尊を前にお参りができる）、御朱印の対応をしてくれる（朱印帳や色紙に押してくれる）、1月1日～7日の正月期間がベスト。寺社によっては1月15日頃まで開帳しているところもあります。それ以外にも、コースや寺社によっては通年で開帳＆朱印がOKのところもあります。また、スタンプを1年中設置しているところもあるので、ウォーキングコースとして楽しむのもおすすめです。

本誌では、東京周辺の30の七福神めぐりのコースを厳選して掲載。コースも回りやすい順で設定しました。お正月の楽しみのひとつとして参拝していただければ幸いです。

目次

CONTENTS

東京周辺 七福神めぐり ご利益さんぽコース 改訂版

※本書は2016年発行の『東京周辺 七福神めぐり ご利益さんぽコース』の改訂版です。

本書について

- 「ご開帳＆御朱印受付」の期間は、各寺社によって異なりますので、ご注意ください。なお、参拝はほとんどの寺社が通年可能です。
- 本書で紹介している記事、情報、立ち寄りスポットのデータなどは、2020年9月現在のものです。
- 歩行時間・歩行距離は、地図上で算出しているため、多少の誤差が生じる場合があります。
- 途中の参拝・見物時間、食事・休憩時間は含まれていません。
- なお、諸事情により中止や日程変更等になる場合もありますので、ご了承ください。

Map

埼玉県
㉖草加宿七福神
㉗武洲与野七福神
㉘小江戸川越七福神
千葉県
㉙市川七福神
㉚佐倉七福神
東京都
神奈川県
㉓川崎七福神
㉔横浜金澤七福神
㉕鎌倉・江の島七福神
東京都
❶柴又七福神
❷千寿七福神
❸隅田川七福神
❹浅草名所七福神
❺下谷七福神
❻谷中七福神
❼亀戸七福神
❽深川七福神
❾日本橋七福神
❿港七福神
⓫東海七福神
⓬元祖山手七福神
⓭荏原七福神
⓮池上七福神
⓯多摩川七福神
⓰小石川七福神
⓱雑司が谷七福神
⓲新宿山ノ手七福神
⓳板橋七福神
⓴武蔵野吉祥七福神
㉑調布七福神
㉒八王子七福神

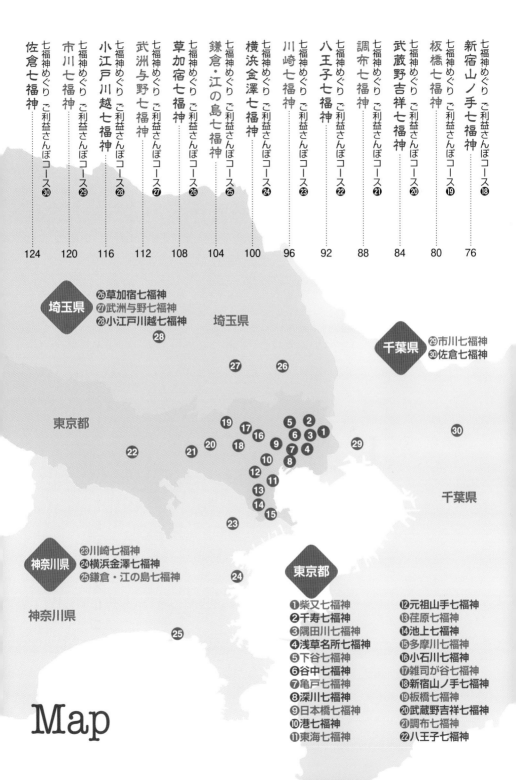

七福神とは

恵比寿《えびす》

大漁豊作・商売繁盛の「えべっさん」

七福神の中で唯一日本の神。伊邪那岐命《いざなぎのみこと》と伊邪那美命《いざなみのみこと》の間に生まれた蛭子命《ひるこのみこと》、もしくは大国主命《おおくにぬしのみこと》の子である事代主神《ことしろぬしかみ》とされることが多い。古くは漁業の神で、江戸時代になると商いの神として人気に。烏帽子をかぶり、釣竿を持って鯛を抱えるユニークな姿で愛されている。

大黒天《だいこくてん》

五穀豊穣・家産増進の「だいこくさん」

元はインドのヒンドゥー教のシヴァ神の化身であるマハーカーラ。マハーとは〝大〟、カーラとは〝黒〟の意味合いがあり、大黒天と名がつく礎となった。仏法守護の神として伝来後、日本の大国主命《おおくにぬしのみこと》と結びつき、日本独自の福の神となる。打ち出の小槌と大きな袋を持ち、米俵の上に乗った姿で、食物・財福を司る神となったという。

毘沙門天《びしゃもんてん》

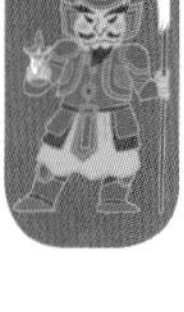

大願成就・財運隆昌の「びしゃもんさん」

ルーツはインドのヒンドゥー教のクベーラ神で、これが仏教の神のヴァイシュラヴァナ（多聞天）になり、日本に伝来して毘沙門天と呼ばれるようになったという。持国天《じこくてん》・増長天《ぞうちょうてん》・広目天《こうもくてん》とともに四天王の一尊に数えられる武神・守護神である。甲冑を身に着け、矛と宝塔を持ち、邪鬼を踏む姿でよく描かれる。インドにおいては財宝神とされている。

弁財天《べんざいてん》

諸芸上達・財運招来の「べんてんさん」

七福神の中の紅一点。元は芸術・学問などの知を司るインドのヒンドゥー教の女神であるサラスヴァティー。日本で弁才天となり、〝才〟が〝財〟の音に通じることから財運のご利益も加わり「弁財天」「辨財天」と表記されることが多い。元はインドの水辺の女神だが、日本では琵琶を奏でる姿で音楽、弁才、財福を司る女神となった。

布袋尊《ほていそん》

平安和合・金運招福の「ほていさん」

七福神の中で唯一、実在した人物といわれる中国の禅僧。名は釈契此《しゃくかいし》だが、いつも大きな袋を背負っていたので〝布袋〟と呼ばれるようになった。諸国を放浪し、人の吉凶を言い当てたり、喜びを施したりするうちに、弥勒菩薩《みろくぼさつ》の化身とされる。福々しい笑顔と太鼓腹で、無邪気で無欲な心の豊かさを諭す神として、人格を円満に導く功徳がある。

福禄寿《ふくろくじゅ》

子孫繁栄・富貴繁栄の「ふくろくさま」

中国の道教の神様で、南極星の化身といわれる。道教の三徳〝幸福（実子を得る）〟〝封禄（財産）〟〝長寿（健康をともなう長生き）〟を具現化したものといわれる。身長の半分以上かと思われる長頭と、白髭が特徴。杖をつき、長寿の象徴である鶴か亀を連れた姿でよく描かれる。同じ道教の神である寿老人の別名、または同一神ともいわれる。

寿老人《じゅろうじん》

長寿延命・諸病平癒の「じゅろうさま」

福禄寿と同様に、中国の神様で南極星の化身といわれる。杖をついた白髭のおじいさんで、福禄寿と同一神と考えられていることから、七福神から外されたこともあった。しかし、長寿のシンボルである桃や鹿を伴って描かれることが多く、健康や生命力を授けてくれる仙人として、現代の七福神に欠かせない福の神となっている。

※なお、本書で紹介している寺社については、七福神の表記が異なる場合があります。それぞれの寺社の表記を尊重して掲載しています。

東京都
葛飾区

COURSE
01

帝釈天を中心に下町風情いっぱいの寅さんのふるさとを歩く

柴又七福神

●しばまたしちふくじん

ご開帳される正月は多くの人でにぎわう

柴又七福神は、帝釈天を中心に高砂～柴又の寺院をめぐるコース。最初の観蔵寺と2番目の医王寺の間を電車で乗り継げば、1時間足らずで回ることも可能だ。葛飾・柴又といえば、帝釈天と寅さんが有名。下町情緒にあふれ、一年を通して人気のある観光スポットだが、とくに初詣と七福神めぐりの時期は、多くの人でにぎわう。七福神の対応は通年だが、ご開帳のほとんどはお正月なので、初詣をかねてめぐるのがいい。

ご利益七福神グッズ

シンプルなご利益グッズ
宝船の色紙に御朱印をいただく

色紙には、柴又七福神と各寺院の名称、奉拝の文字、宝船のイラストが墨で描かれている。ここに各寺院をお参りした際に御朱印を押していただく。色紙（300円）は各寺院で受けることができる。御朱印は、各寺社ごとに200円。色紙に御朱印というスタンダードな七福神めぐりだが、飾っておけるので、ありがたい。ご利益もありそう。なおご朱印帳に墨書き入りでいただく場合には300円。

歩行時間……約1時間20分　歩行距離……約4.8km

DATA

[エリア] 東京都葛飾区
[ご開帳&御朱印受付]
ご開帳＝1月1日～7日ほか（各寺院による）
七福神朱印受付　1月1日～1月31日　9:00～16:00
[問い合わせ]
葛飾区産業経済課　☎03-3838-5558

こぢんまりとしたお寺だが、きれいに整備され木々が美しい

① 寿老人 観蔵寺《かんぞうじ》

●東京都葛飾区高砂5-5-2

高砂駅を出て線路沿いに行き、墓地を過ぎると観蔵寺はある。真言宗豊山派で、文明元（1469）年に創建、その後戦火で焼失したが、承応2（1653）年に再興されたと伝えられる。南葛八十八カ所霊場の第十番札所にもあたる。山門の横と本堂の右手に寿老人の石碑がある。寿老人のご開帳は元日から1月15日まで。

② 恵比寿 医王寺《いおうじ》

●東京都葛飾区柴又5-13-6

応永十四（1407）年、仁和寺の観見が開山、本山は奈良県桜井市の長谷寺。ここの恵比寿天像は、鯛を左脇に抱えておらず、足下の波間からいまにも鯛を釣り上げようとする独特の姿をしている。ご開帳は、元日から1月7日までだが、本堂正面の右側の窓際に安置してあるため、期間外でもガラス越しに拝むことができる。

本殿の横には石仏が並び、弘法大師の像もある

③ 大黒天 宝生院《ほうしょういん》

●東京都葛飾区柴又5-9-18

真言宗智山派の宝生院は、寛永元（1624）年、常陸国大聖寺末宝性院として京橋付近に創建、谷中への移転を経て、明暦年間（1655～1658）に上野・池之端へ。関東大震災で被災、昭和2（1927）年に当地へ移転した。本尊は大黒天立像で出世大黒天像、弘法大師座像とともに安置され、通年にわたりご開帳している。

下町の風情がある本殿。大黒天像は、大きな袋と打ち出の小槌を持ち、「出世財福」のご利益があるとされる

コースと所要時間

スタート 京成高砂駅 ●京成本線
0.3km — 5分
① 観蔵寺（寿老人）
1.8km — 30分
② 医王寺（恵比寿）
0.3km — 5分
③ 宝生院（大黒天）
0.6km — 10分
④ 万福寺（福禄寿）
0.9km — 15分
⑤ 良観寺（宝袋尊）
0.4km — 7分
⑥ 真勝院（弁財天）
0.2km — 3分
⑦ 題経寺（毘沙門天）
0.3km — 5分
ゴール 柴又駅 ●京成電鉄金町線

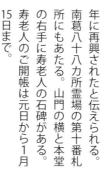

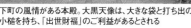

山門、本堂ともに朱色を基調にしていてモダンな感じだ。御開帳の期間は、1月1日から1月31日。写真内はご本尊

4 福禄寿 万福寺《まんぷくじ》

●東京都葛飾区柴又6-17-20

閑静な住宅街の中を行き、遊歩道を右手に少し入ったあたりに曹洞宗の聖閣山・万福寺がある。昭和3（1928）年の創建で、本尊は南無釈迦牟尼仏《なむしゃかむにぶつ》。福禄寿像は、年代不明だが、宍戸家に伝えられていた家宝仏だったものが奉納され、以来、祀られるようになった。また、境内には110体の弘法大師石像が安置されている。

5 宝袋尊 良観寺《りょうかんじ》

●東京都葛飾区柴又3-33-13

万福寺から柴又街道に出て、線路沿いに進むと、左手にあるのが良観寺。創建年代は不詳だが、室町時代末期から江戸時代初期にかけ、念仏堂として建立。その後、両観寺・了観寺と名称を変え、後に一寺となった。境内でひと際目立つのが、高さ3mはありそうな願掛け宝袋尊。願いごとを念じながら、お腹をなでるとご利益がある。

願掛け宝袋尊以外にも、可愛らしい七福神像もある。ここの宝袋尊は、〝宝〟という字で記している

山門から本堂までの参道には、鐘楼や五智如来石像（ごちにょらいせきぞう）などがある

6 弁財天 真勝院《しんしょういん》

●東京都葛飾区柴又7-5-28

大同元（806）年の創立と伝えられる古刹だが、開創の由来や開山などの名は明らかでない。国府台合戦の戦火で焼失の後、再建、震災などを経て、現在の本堂は、昭和47（1972）年に再建。よく見られる弁財天像は、琵琶を持った姿だが、真勝院の像は、八本の手に弓や剣を持つめずらしい八臂《はっぴ》弁財天像。1月1日から7日までご開帳。

7 毘沙門天 題経寺《だいきょうじ》

●東京都葛飾区柴又7-10-3

正式名は、日蓮宗経栄山題経寺。寛永6（1629）年の開創。本堂改築の際、安永8（1779）年の庚申の日に、梁の上から日蓮聖人自刻と伝えられる帝釈天像の板本尊（本尊）を発見、柴又の帝釈天として有名になった。庚申の日には縁日が行われる。毘沙門天は、本尊の横に祀られているが、写真撮影などは禁止されている。

一年中、観光客でにぎわう柴又帝釈天。ご開帳の期間は、1月1日から1月7日

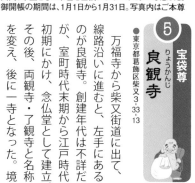

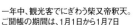

柴又七福神コースマップ

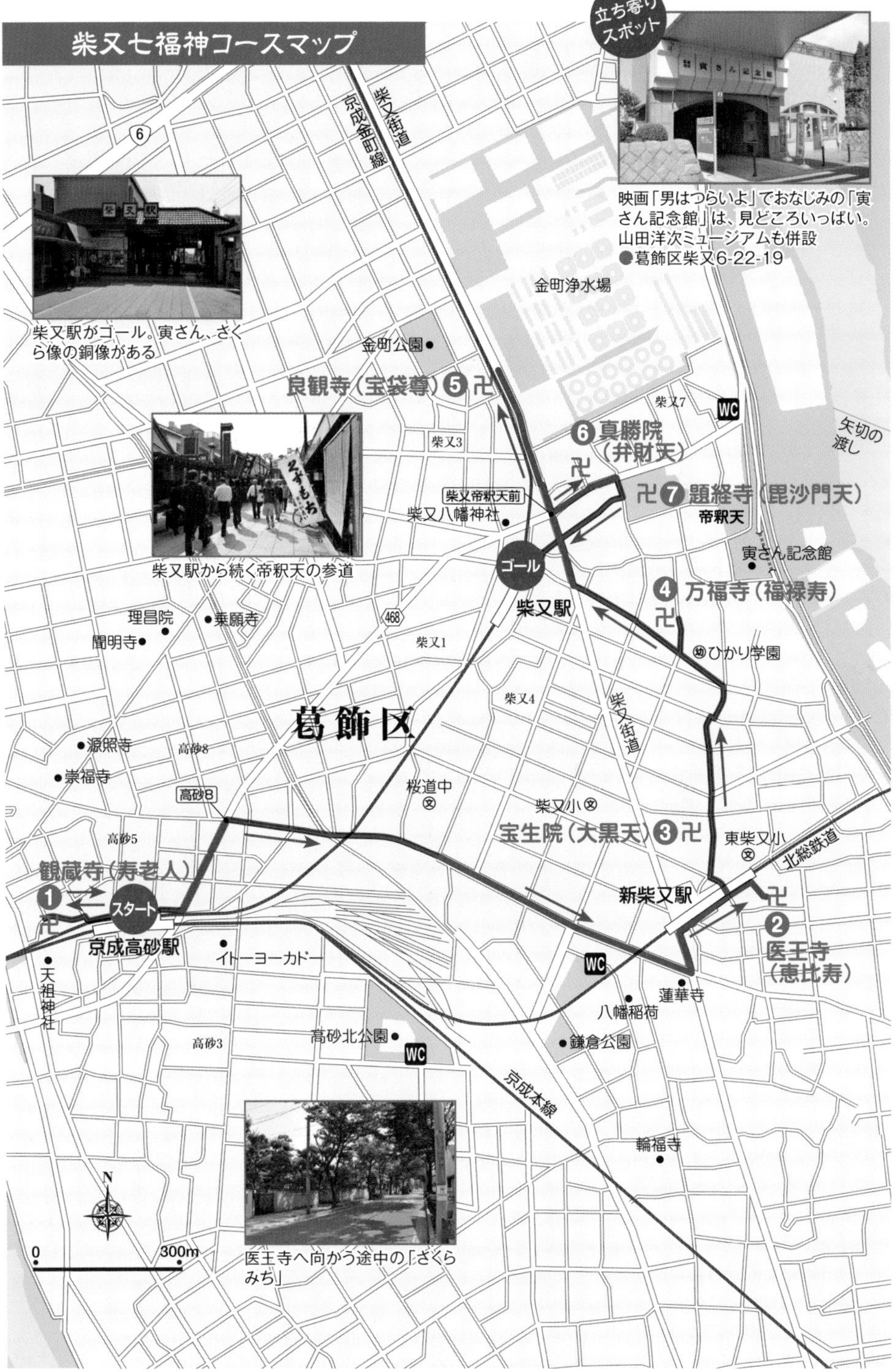
立ち寄りスポット
柴又街道
京成金町線
6
金町浄水場
金町公園
良観寺（宝袋尊）❺
柴又7
WC
矢切の渡し
柴又3
❻真勝院（弁財天）
柴又帝釈天前
❼題経寺（毘沙門天）
帝釈天
柴又八幡神社
寅さん記念館
ゴール
柴又駅
❹万福寺（福禄寿）
ひかり学園
理昌院
蓮願寺
聞明寺
468
柴又1
柴又4
葛飾区
源照寺
高砂8
崇福寺
桜道中
柴又小
高砂5
宝生院（大黒天）❸
東柴又小
北総鉄道
観蔵寺（寿老人）❶
スタート
新柴又駅
❷医王寺（恵比寿）
京成高砂駅
イトーヨーカドー
天祖神社
WC
蓮華寺
八幡稲荷
高砂北公園
高砂3
鎌倉公園
京成本線
輪福寺
N
0
300m

映画「男はつらいよ」でおなじみの「寅さん記念館」は、見どころいっぱい。山田洋次ミュージアムも併設
●葛飾区柴又6-22-19

柴又駅がゴール。寅さん、さくら像の銅像がある

柴又駅から続く帝釈天の参道

医王寺へ向かう途中の「さくらみち」

東京都
足立区

COURSE
02

千寿七福神《せんじゅしちふくじん》

日光街道の初宿としてにぎわった千住の7つの神社をめぐる

千住界隈の町並みを のんびり神社めぐり

千住は日光街道の初宿として寛永2（1625）年に開かれた宿場町。奥州街道の初宿でもありにぎわいを見せた。古くから寺社が点在するこの千住界隈が、現代になって町おこしを願って近隣の寺社に七福神の石像を安置。「千寿七福神」と名付けたことが始まり。平成19（2007）年には神社だけのコースに整備された。松尾芭蕉の「奥の細道」の旅立ちの地、旧千住宿の町並みを散策しながら、気軽に回れるのが魅力だ。

ご利益七福神グッズ

可愛らしいご神体を集めたり デジタルスタンプラリーも楽しい

お正月期間、各神社では朱印帳に御朱印（各300円）を受けられる。色紙（宝ぶね、干支入り七福神 各2000円）には、御朱印（各200円）を集めていこう。可愛らしいご神体（各700円、敷代100円）も人気だ。また、千寿七福神の「福ポイント」をめぐるデジタルスタンプラリーも開催している。

歩行時間……約1時間35分　歩行距離……約5.6km

DATA

［エリア］東京都足立区
［ご開帳＆御朱印受付］
1月1日～7日　9:00～16:00
［問い合わせ］
千寿七福神の会事務局　☎03-3881-0320

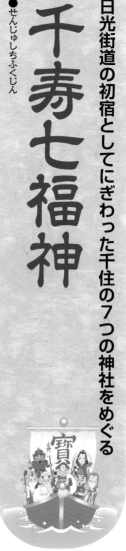

① 弁財天 氷川神社・仲町《ひかわじんじゃ・なかちょう》

●東京都足立区千住仲町48-2

ミリオン通り商店街を進むと、左手にこの神社がある。社伝によると、延喜年間（901〜923）に創建、元和2（1616）年に当地へ移転。ここの弁財天は、弁天池の中島の祠に祀られ、右手に剣、左手に宝珠を持っている。その左右には雌雄の鶏、下部には三猿が刻まれ、弁財天を主尊とした庚申塔となっている。とても貴重なものだ。

静かなたたずまいの神社。拝殿右手に弁財天の祠がある

② 福禄寿 稲荷神社《いなりじんじゃ》

●東京都足立区千住河原町10-13

古くからヤッチャバと呼ばれる市場の守り神として親しまれている稲荷神社。天正4（1576）年の創建。橋戸町から河原町が分離するとその鎮守となる。第二次大戦で社殿を焼失後、国道4号の拡幅で社地を大幅に削られた。現社殿は昭和41（1966）年のもの。その右手に頭の長い味のある福禄寿像が立つ。

鎮守だけあって立派な本殿。その右横に福禄寿像がある

③ 毘沙門天 八幡神社《やはたじんじゃ》

●東京都足立区千住宮元町3-8

千寿七福神で一番小さな神社だが、足立区の各地に残る源頼義、義家の奥州討伐の伝説のひとつがここにある。義家が征伐に赴く際、隅田川の渡し場に白幡を立て戦勝祈願したことに因み、「白幡八幡宮」とも呼ばれる。明治41（1908）年、現在地に社殿が建立され、宮元町の鎮守として、また財運隆昌《ざいうんりゅうしょう》の毘沙門天として親しまれている。

本堂の左手に、凛々しい顔立ちの毘沙門天像がある

コースと所要時間

スタート　北千住駅
●JR常磐線、東武伊勢崎線（東武スカイツリーライン）、つくばエクスプレス、東京メトロ千代田線・日比谷線

0.7km — 12分

① 氷川神社・仲町（弁財天）

0.6km — 10分

② 稲荷神社（福禄寿）

0.3km — 5分

③ 八幡神社（毘沙門天）

0.4km — 7分

④ 千住神社（恵比寿天）

1.2km — 20分

⑤ 元宿神社（寿老神）

0.7km — 12分

⑥ 氷川神社・大川町（布袋尊）

1.2km — 20分

⑦ 千住本氷川神社（大黒天）

0.5km — 9分

ゴール　北千住駅

4 恵比寿天
千住神社《せんじゅじんじゃ》
●東京都足立区千住宮元町24-1

延長4（926）年に創建の千崎稲荷神社と、弘安2（1279）年創建の氷川神社。この2つが明治初期に合祀された西森神社を起源とし、大正に入り千住神社と改称された。境内にはくるくるまわる「願かけ恵比寿」がある。男なら左へ、女なら右へ3回まわし、願いの言葉を3回念じながら白いハンカチで3回なでるのが願かけ法だ。

朱塗りの本堂の手前右に、回転台に乗った恵比寿天がある

5 寿老神
元宿神社《もとじゅくじんじゃ》
●東京都足立区千住元町33-4

千住神社から進むと墨堤通りに合流するが、交通量が多いので1本右手の道を行こう。到着した元宿神社のあたりは現在は元町だが、かつては元宿。天正年間（1573～1593）に、甲州からの移住者によって開墾され、その人々の守護神八幡神が鎮守として祀られたという。鳥居をくぐって参道を進むと、拝殿の手前に寿老神像がある。

拝殿の左手前の寿老神像は、頭をなでてボケ封じ

6 布袋尊
氷川神社・大川町《ひかわじんじゃ・おおかわちょう》
●東京都足立区千住大川町12-3

昔懐かしいレトロな銭湯、タカラ湯を通ってまっすぐ進むと、左手にこの神社がある。千住5丁目の鎮守で、鎌倉時代の永仁年間（1293～1298）の創建とされている。境内には、文政7（1824）年に構築された富士塚がある。これは富士山の溶岩を固めて造られたもので標高約3m。布袋尊の石像は、本殿の手前右に祀られている。

氷川神社の本殿と、素朴な布袋尊の石像

7 大黒天
千住本氷川神社《せんじゅもとひかわじんじゃ》
●東京都足立区千住3-22

徳治2（1307）年に創建。千住が宿場町として栄え始めた江戸時代の初期には、現在地に地主の土地奉納によって分社が建てられた。明治43（1910）年には荒川放水路建設のため牛田氷川神社を合祀し、昭和45（1970）年に社殿を新築。鳥居をくぐって参道の正面に建つのが旧社殿。趣ある扉が開かれ、大黒天がご開帳される。

鳥居の先が旧社殿。傍らにラジオ体操発祥之地碑がある

千寿七福神コースマップ

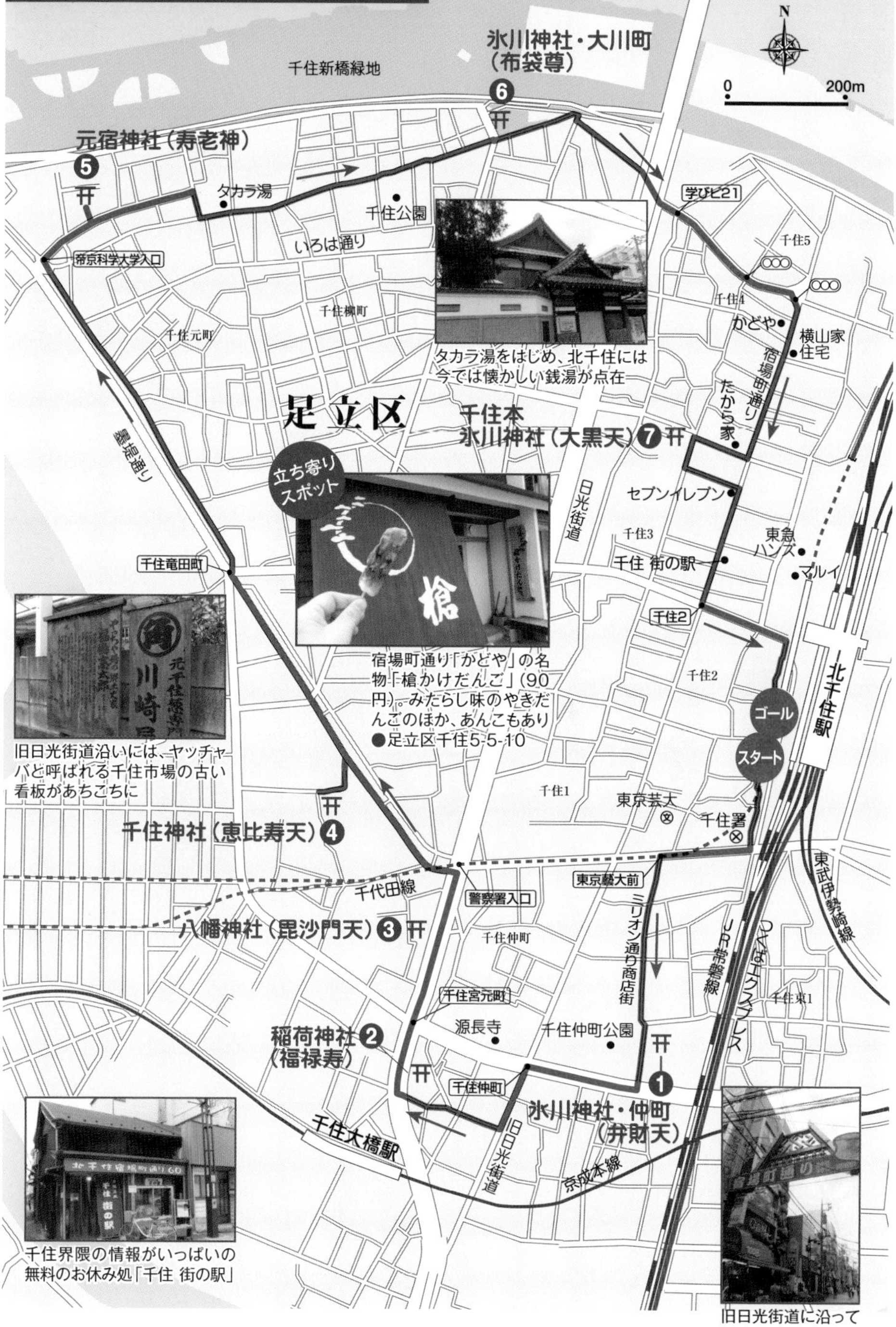

氷川神社・大川町
（布袋尊）
6
千住新橋緑地
元宿神社（寿老神）
5
N
0
200m
タカラ湯
千住公園
学びピア21
千住5
いろは通り
帝京科学大学入口
千住4
千住柳町
かどや
横山家住宅
千住元町
宿場町通り
タカラ湯をはじめ、北千住には今では懐かしい銭湯が点在
たから家
足立区
千住本
氷川神社（大黒天）7
墨堤通り
立ち寄りスポット
日光街道
セブンイレブン
千住3
東急ハンズ
千住竜田町
千住 街の駅
マルイ
千住2
千住2
宿場町通り「かどや」の名物「槍かけだんご」（90円）。みたらし味のやきだんごのほか、あんこもあり
●足立区千住5-5-10
北千住駅
ゴール
スタート
旧日光街道沿いには、ヤッチャバと呼ばれる千住市場の古い看板があちこちに
千住1
東京芸大
千住署
千住神社（恵比寿天）4
東京藝大前
東武伊勢崎線
千代田線
警察署入口
八幡神社（毘沙門天）3
千住仲町
ミリオン通り商店街
JR常磐線
つくばエクスプレス
千住宮元町
千住東1
稲荷神社 2
（福禄寿）
源長寺
千住仲町公園
千住仲町
1
氷川神社・仲町
（弁財天）
千住大橋駅
旧日光街道
京成本線
千住界隈の情報がいっぱいの無料のお休み処「千住 街の駅」

旧日光街道に沿って開かれた商店街の宿場町通り

東京都
墨田区

COURSE
03

隅田川七福神《すみだがわしちふくじん》

隅田川の流れに沿って、向島界隈から東京スカイツリーへ

スカイツリーを目指し のんびり下町を散策

隅田川沿いにほぼ一直線に並んだ5寺社と向島百花園をたどるこのコース。始まりは200年以上前の文化年間（1804〜1817）。百花園の園主、佐《さ》原《わら》鞠塢《きくう》が愛蔵していた福禄寿像に文人たちが目をとめ、「お正月の楽しみとして七福神詣をしたい」と相談。周辺の寺社に福の神を探し、コースを編んでいった。今では東京スカイツリーを目指し、橋を渡れば浅草まで足をのばせるなど、お楽しみの多い七福神として都内随一。

ご利益七福神グッズ

御朱印色紙、スタンプミニBOOK 七福神宝船とてんこ盛り!

お正月期間、各寺社でご分体（黒塗り・各500円）を授与。それを乗せる宝船（1500円）は多聞寺、三囲神社で。朱印帳への御朱印（各500円）、色紙寄せ書き（各500円〜）など対応してくれる。それ以外の期間は、各寺社の無料スタンプを色紙（300円）、ミニBOOK「隅田川七福神めぐり」（300円）に押していこう。

歩行時間……約1時間25分　歩行距離……約5.1km

DATA

［エリア］東京都墨田区（堀切駅は足立区）
［ご開帳＆御朱印受付］
1月1日〜7日　9:00〜16:00
［問い合わせ］
白鬚神社 ☎03-3611-2750

① 毘沙門天
多聞寺《たもんじ》
●東京都墨田区墨田5-31-13

本尊の毘沙門天は、弘法大師の作と伝えられる多聞寺。創建は天徳年間（９５７〜９６０）と古く、およそ４３０年ほど前にこの地に移り、夢告により毘沙門天を祀るようになったという。本堂にある毘沙門天は、約50㎝の木造立像。境内にある狸塚には〝狸の化身である妖怪を、毘沙門天に仕える童子が懲らしめた〟という伝説が残る。

200年以上の歴史ある茅葺き屋根の山門をくぐり本堂へ

江戸時代からの社殿は放火で消失、平成4年に再興

② 寿老神
白鬚神社《しらひげじんじゃ》
●東京都墨田区東向島3-5-2

天暦5（９５１）年、近江国の白鬚大明神の分霊をここに祀ったのが起源とされる。隅田川七福神誕生の際、最後までこの地域に寿老人が見つからなかったが、古くからこの地の鎮守の白鬚大明神を祀っていることから、〝白い鬚を生やした神様〟を連想させるとして白羽の矢が立った。ここでは「寿老〝神〟」と呼ばれている。

③ 福禄寿
向島百花園《むこうじまひゃっかえん》
●東京都墨田区東向島3-18-3

生来の風流気質で文人たちと交流をもっていた佐原鞠塢《さはらきくう》が、文化元（１８０４）年に開園。多くの文人墨客が集い、行楽地として人気に。現在、園内の小さなお堂に祀られている陶製の福禄寿像は、園主の遺愛の品。福禄寿は長頭で知られるが、この像は全身50㎝のうち40㎝が頭。それを目にとめた文人たちの発案で、隅田川七福神が始まった。

園内の福禄寿尊堂は、正月期間にご開帳される

コースと所要時間

- スタート　堀切駅 ●東武伊勢崎線（東武スカイツリーライン）
- 0.7km ― 12分
- ① 多聞寺（毘沙門天）
- 1.8km ― 30分
- ② 白鬚神社（寿老神）
- 0.2km ― 3分
- ③ 向島百花園（福禄寿）
- 1.2km ― 20分
- ④ 長命寺（弁財天）
- 0.1km ― 1分
- ⑤ 弘福寺（布袋尊）
- 0.4km ― 7分
- ⑥ 三囲神社（恵比寿神）
- ⑦ 三囲神社（大国神）
- 0.7km ― 12分
- ゴール　とうきょうスカイツリー駅 ●東武伊勢崎線（東武スカイツリーライン）

4 弁財天 長命寺《ちょうめいじ》

●東京都墨田区向島5-4-4

比叡山延暦寺の末寺で、当初は常泉寺《じょうせんじ》と号していたこのお寺。三代将軍家光が鷹狩りの途中で腹痛をおこし、この寺で休息。境内の井戸水で薬を飲むと快癒し、喜んだ家光が井戸に「長命水」の名を与えた。同名の称号も寺に授け、以後長命寺となった。ここの弁財天は、有名な琵琶湖の弁財天の分身で、通称〝老女弁天〟と呼ばれている。

幼稚園の園庭の先にある本堂。芭蕉雪見の句碑もある

5 布袋尊 弘福寺《こうふくじ》

●東京都墨田区向島5-3-2

長命寺から100mも行かないところに、思わず目をひく山門がある。禅宗の中でも中国に近い宗派に属する弘福寺は、山門や本堂の随所に唐風建築様式がみられ、風格のある構えをしている。勝海舟や、向島で少年期を過ごした森鴎外もたびたびここを訪れた。七福神の中で唯一実在した、中国唐時代の禅僧であった布袋尊が祀られている。

荘厳な構えの本堂。境内には布袋尊の石碑がある

隅田川七福神コースマップ

弘福寺から隅田川に立ち寄って眺めると、水上バス乗り場がある
京成関屋駅
京成本線
千住汐入大橋
荒川区
足立区
堀切駅
東京未来大
スタート
歩道橋
汐入公園
東京水辺ライン
水神大橋
白鬚橋
首都高速向島線
隅田川神社
多聞寺（毘沙門天）
1
堤通2
東白鬚公園
梅若橋
墨堤通り
神社上
橋東詰
明治通り
墨田1
墨田区
鐘ヶ淵陸橋
鐘ヶ淵通り
墨田5
墨田2
鐘ヶ淵駅
東向島3
2 白鬚神社（寿老神）
東向島4
茶亭さはら
3 向島百花園（福禄寿）
0
300m

⑥ 恵比寿神 三囲神社《みめぐりじんじゃ》

⑦ 大国神 三囲神社《みめぐりじんじゃ》

●東京都墨田区向島2-5-17

三井家の江戸の氏神として知られるこの神社は、古くから神秘的な逸話が残っている。文和年間（1352～1356）に近江国三井寺の僧が、この界隈に荒れた祠を見つける。弘法大師が創建した祠と聞いて修復に取りかかると、白狐にまたがった神像が出土。その時、どこからともなく現れた白狐が神像の周りを3回まわって消え去ったという故事から「みめぐり」の名がついたと伝えらる。日本橋の越後屋（現在の三越）と縁が深く、そこより贈られた恵比寿神と大国神（大黒神）が、本殿の左手前の社に並んで祀られている。室町時代より商業が盛んになると、二神一体で商家に祀られることが多かったというこの二つの神から、商売繁盛のご利益をたっぷりと受けられる。

本堂前には狛犬と狐、さらに三越のライオン像がある

大国神
恵比寿神

2つの福の神を並んで祀る。大国神は米俵に乗り小槌を持った、台所を司る神だ

伝法院
五重塔
浅草寺
浅草神社
宝蔵門
仲見世通り
雷門
浅草駅
水上バス発着所
吾妻橋
言問通り
6
弘福寺（布袋尊）5
台東区
リバーサイドスポーツセンター
野球場
三囲神社（恵比寿神）6
三囲神社（大国神）7
水上バスのりば
隅田川
隅田公園
桜橋
4 長命寺（弁財天）
アサヒビール
墨田区役所
リバーサイドホール
東武伊勢崎線（東武スカイツリーライン）
郷土文化資料館
小梅小
言問団子
言問橋東
少年野球場前
高速入口
北十間川
向島2
向島5
水戸街道
向島3
向島4
鳩の街商店街
東向島1
地蔵坂通り
本所吾妻橋駅
都営浅草線
ゴール
とうきょうスカイツリー駅
立ち寄りスポット

向島名物「言問団子」の三色団子を緑茶セット（630円）で。
●墨田区向島5-5-22

歩くほどに、東京スカイツリーがどんどん近づいてくる

東京都
台東区・荒川区

COURSE 04

世界からの観光客でにぎわう浅草をめぐり、福を満喫！

浅草名所七福神

●あさくさなどころしちふくじん

ぐるりと浅草を一周し浅草寺と雷門でゴール

江戸八百八町に名所が開発され、神仏詣でと観光を兼ねた行楽気分で盛り上がった七福神めぐり。江戸随一の繁華街として栄えた浅草の七福神は、第二次大戦後に一時中断、昭和52（1977）年に復活。9つの寺社をめぐるのは、「九は数のきわみ、一は変じて七、七変じて九と為す。九は鳩でありあつまる意味をもち、また、天地の至数、易では陽を表す」という古事が由来。福禄寿と寿老人が2カ所ずつあり、浅草の名所を堪能できる。

1 福禄寿 矢先稲荷神社《やさきいなりじんじゃ》

●東京都台東区松が谷2-14-1

徳川三代将軍家光が、浅草に武道鍛成のため三十三間堂を建立。守護神として稲荷大明神を勧請しこの神社が建てられた。場所が的技鍛成の〝的の先〟にあったため「矢先稲荷」となった。

福禄寿は拝殿内の右手にライトを浴びて祀られている

ご利益七福神グッズ

福絵馬を集めて、福笹に飾ろう

お正月期間、オリジナル色紙（300円）に各寺社で御朱印（各500円）を受けられる。やや大判の和紙風の福絵（700円）にも御朱印（各200円）を受けよう。また、各寺社で1枚ずつ福絵馬（各300円）を集め、福笹（600円）につけて楽しいお福飾りに。

歩行時間……約2時間15分　歩行距離……約7.8km

DATA

[エリア] 東京都台東区、荒川区
[ご開帳&御朱印受付]
1月1日～3日　9:00～18:00、
4日～7日　17:00まで、8日　16:00まで
[問い合わせ]
浅草名所七福神会 ☎03-5603-9977（音声サービス）

朱塗りの社殿。境内には樋口一葉の文学碑が立つ

2 寿老人 鷲神社《おおとりじんじゃ》

●東京都台東区千束3-18-7

「おとりさま」と呼ばれ、江戸庶民に愛されている鷲神社。毎年11月の酉の日には、福運や財をかき込む〝がっこめ〟〝はっこめ〟という熊手お守りが授けられ、江戸の粋であふれ返る。その様子は、樋口一葉の「たけくらべ」に登場するほか、多くの文芸作品に描かれている。この寿老人の木像はつややかに磨かれ、表情が穏やかだ。

本殿から1分ほど歩いた所に、吉原神社の奥宮がある

3 弁財天 吉原神社《よしわらじんじゃ》

●東京都台東区千束3-20-2

江戸各地の遊女屋が、統合や移転を繰り返した後につくられた新吉原。そこにあった玄徳《よしとく》稲荷社と、遊廓の四隅を守護する稲荷を明治5（1872）年に合祀し、遊廓の総鎮守となった。ご祭神の弁天様である市杵嶋姫《いちきしまひめの》命《みこと》は、商売繁盛・技芸上達の神徳があるという。世話人が不在の時は、御朱印は国際通りを北へ約10分歩いた千束稲荷神社で。

4 布袋尊 橋場不動尊《はしばふどうそん》

●東京都台東区橋場2-14-19

隅田川沿いの道から、少し入ったところにある橋場不動尊。天平宝字4（760）年に開創し、現在は比叡山延暦寺の末寺である。お前立本尊の不動明王はにらみをきかせてあたりを圧する偉容で、世の災厄を払っている。それとは逆に、布袋尊は満面の笑みをたたえ、おおらかな風体。肩に袋がなく、大きなお腹が袋代わりの形をしている、なんともめずらしいものだ。

小堂ながら江戸期の建築様式で、簡素なたたずまい

コースと所要時間

スタート 田原町駅 ●東京メトロ銀座線
0.6km 10分
1 矢先稲荷神社（福禄寿）
1.4km 25分
2 鷲神社（寿老人）
0.3km 5分
3 吉原神社（弁財天）
1.7km 30分
4 橋場不動尊（布袋尊）
0.4km 7分
5 石浜神社（寿老神）
1.5km 25分
6 今戸神社（福禄寿）
0.4km 7分
7 待乳山聖天（毘沙門天）
0.9km 15分
8 浅草神社（恵比須）
0.1km 1分
9 浅草寺（大黒天）
0.5km 10分
ゴール 浅草駅 ●東京メトロ銀座線／都営地下鉄浅草線／東武伊勢崎線（東武スカイツリーライン）

5 寿老神 石浜神社《いしはまじんじゃ》

●東京都荒川区南千住3-28-58

『隅田名勝八景』のひとつ石浜神社は、聖武天皇が在位した年（724）に、天皇の勅願によって鎮守された。源頼朝が藤原泰衡《やすひら》征伐の折にここで祈願し、大勝を果した後に社殿を寄進し神の恩に報いたといわれる。鷲神社の寿老人と違い、こちらは寿老〝神〟と呼ばれ、齢2000年の玄鹿《くろしか》をはべらせ、社殿右手の格子戸の中に祀られている。

広々として清々しい境内。富士遥拝所も見応えあり

6 福禄寿 今戸神社《いまどじんじゃ》

●東京都台東区今戸1-5-22

江戸時代に人気となった〝招き猫発祥の地〟であり、新撰組の〝沖田総司の終焉の地〟で有名。後冷泉《ごれいぜい》天皇の時代、源頼義・義家父子が勅命により奥州に討伐に出向く際、この地で祈願。京都の石清水《いわしみず》八幡を勧請したのが始まり。拝殿にはペアの招き猫が置かれ、その隣りで矢先稲荷神社とはまた違う白髪童顔の福禄寿がご開帳されている。

縁結びの神様として、女性やカップルに大人気

7 毘沙門天 待乳山聖天《まつちやましょうでん》

●東京都台東区浅草7-4-1

古い縁起によると、推古天皇3（595）年に「突然この土地が盛り上がり、金龍が舞い降りた」とある。これは十一面観音菩薩の化身「大聖歓喜天《だいしょうかんぎてん》」が出現する前ぶれだったという伝説が残り、出現後は人々を飢えや苦しみから救ったという。毘沙門天は、その本尊の守り神として古くから奉安され、凛とした表情が印象的な木彫像である。

小高い丘の上に建つ本堂。1月の大根祭りが有名

8 恵比須 浅草神社《あさくさじんじゃ》

●東京都台東区浅草2-3-1

9 大黒天 浅草寺《せんそうじ》

●東京都台東区浅草2-3-1

浅草寺の二天門をくぐったら、まずは三社祭で名高い浅草神社へ。なんとも鮮やかな極彩色で、見事な木彫りの恵比須神像が祀られている。そしてラストは、いつも観光客で大にぎわいの浅草寺へ。全身真っ黒の愛敬あふれる〝米櫃大黒《こめびつだいこく》〟は、本堂の左奥に建つ影向堂《ようごうどう》で迎えてくれる。

江戸三大祭のひとつ三社祭には、人と神輿で大混雑する浅草神社

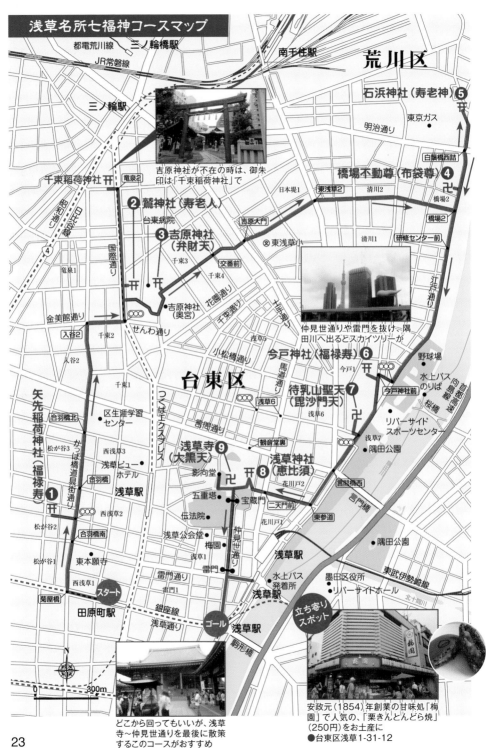

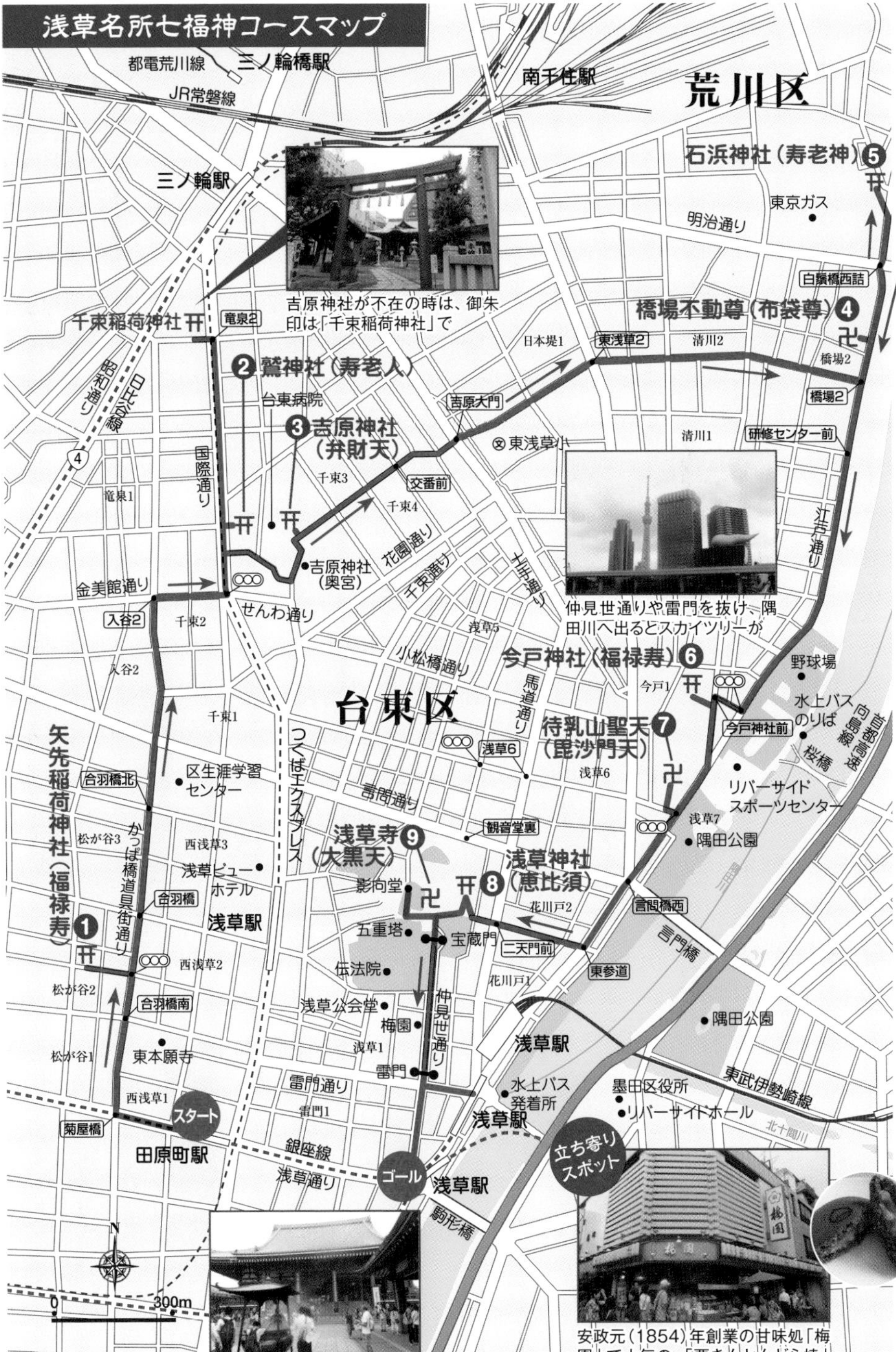
浅草名所七福神コースマップ
都電荒川線
三ノ輪橋駅
JR常磐線
南千住駅
荒川区
三ノ輪駅
石浜神社（寿老神）5
東京ガス
明治通り
白鬚橋西詰
橋場不動尊（布袋尊）4
千束稲荷神社
竜泉2
日本堤1
東浅草2
清川2
橋場2
2 鷲神社（寿老人）
昭和通り
日比谷線
台東病院
吉原大門
橋場2
3 吉原神社（弁財天）
東浅草小
清川1
研修センター前
国際通り
千束3
交番前
千束4
竜泉1
江戸通り
吉原神社（奥宮）
花園通り
千束通り
土手通り
金美館通り
入谷2
千束2
せんわ通り
浅草5
小松橋通り
今戸神社（福禄寿）6
今戸1
入谷2
台東区
馬道通り
野球場
水上バスのりば
首都高速向島線
千束1
つくばエクスプレス
待乳山聖天（毘沙門天）7
今戸神社前
桜橋
浅草6
浅草6
矢先稲荷神社（福禄寿）1
合羽橋北
区生涯学習センター
言問通り
リバーサイドスポーツセンター
かっぱ橋道具街通り
浅草7
松が谷3
観音堂裏
浅草寺（大黒天）9
隅田公園
西浅草3
浅草ビューホテル
浅草神社（恵比須）8
影向堂
隅田川
合羽橋
浅草駅
花川戸2
言問橋西
五重塔
宝蔵門
言問橋
二天門前
西浅草2
伝法院
東参道
松が谷2
合羽橋南
花川戸1
浅草公会堂
仲見世通り
隅田公園
梅園
東本願寺
浅草駅
浅草1
松が谷1
雷門
水上バス発着所
墨田区役所
東武伊勢崎線
雷門通り
リバーサイドホール
西浅草1
雷門1
菊屋橋
スタート
浅草駅
北十間川
田原町駅
銀座線
浅草通り
ゴール
浅草駅
立ち寄りスポット
駒形橋
0
300m
N
梅園

吉原神社が不在の時は、御朱印は「千束稲荷神社」で

仲見世通りや雷門を抜け、隅田川へ出るとスカイツリーが

どこから回ってもいいが、浅草寺〜仲見世通りを最後に散策するこのコースがおすすめ

安政元（1854）年創業の甘味処「梅園」で人気の、「栗きんとんどら焼」（250円）をお土産に
●台東区浅草1-31-12

東京都
台東区

COURSE
05

下谷七福神
●したやしちふくじん

台東区の7寺社を約1時間でお手軽散歩&グッズも充実！

鶯谷駅から下町風情を楽しみながら三ノ輪へ

東京の下町である下谷界隈の7寺社をめぐるこのコースは、昭和50（1975）年に始まった。距離が短く気軽に歩け、七福神グッズも豊富に揃っている。お正月期間には山手線の鶯谷駅に、漫画家の故赤塚不二夫が奉納した七福神絵の垂れ幕が下がる。バカボンが大黒天、ひみつのアッコちゃんが弁財天となって宝船に乗っており、見るだけで楽しさいっぱい。その絵やコースマップが乗ったチラシを鶯谷駅で手に、いざスタート！

ご利益七福神グッズ

美しい色紙絵、イラスト色紙、宝船に乗ったご尊体などズラリ

絵巻のような「七福神色紙絵」（1000円+御朱印各200円）や、イラストの「平成色紙絵」（500円+各100円）ほか墨文字だけの色紙も。各寺社で授与されたご尊体（各400円）は、宝船（元三島神社で授与）や絵馬台（寿永寺で授与・以上600円）に飾り福を呼ぼう。

歩行時間……約1時間　歩行距離……約3.4km

DATA

[エリア] 東京都台東区
[ご開帳&御朱印受付]
ご開帳　1月1日～7日　8:00～17:00
ご朱印　1月1日～15日　8:00～17:00
(その他の日は各寺社による)
[問い合わせ] 寿永寺　☎03-3873-2402

石段上の拝殿へ。その左手の社務所で御朱印を戴く

① 寿老神 元三島神社《もとみしまじんじゃ》

●東京都台東区根岸1-7-11

鶯谷駅北口を出て細い路地を入った先に鳥居がある。コース唯一の神社で、始まりは弘安4（1281）年の弘安の役で、伊予水軍を率いた勇将・河野《こうの》通《みち》有《あり》が、四国の大山祇《おおやまつみ》神社に必勝を祈願。帰国して夢の中で神のお告げを得て、上野の山に神社を建立。移転や合祀を経て、この地に鎮座している。七福神では延命長寿の神・寿老神を祀る。

「恐れ入谷の鬼子母神」という言い回しでも有名

② 福禄寿 入谷鬼子母神《いりやきしもじん》（真源寺）

●東京都台東区下谷1-12-16

言問通りを浅草方面に向かうと万治2（1659）年に日融上人によって創建された眞源寺。日蓮上人の尊像と、安産・子育ての神様である入谷鬼子母神が祀られている。人望福徳の神、福禄寿は門を入ってすぐ右手のお堂に。また、このあたりは江戸末期より朝顔作りが盛んだったことで、毎年7月6日～8日には「朝顔市」でにぎわう。

本堂左手の大黒堂に、3つの顔を持つ大黒天がある

③ 三面大黒天 英信寺《えいしんじ》

●東京都台東区下谷2-5-14

慶長年間（1596～1615）に創建。紫雲院という名だったが、丹波国亀山城主の松平若狭守康信の子・英信がここに葬られ、その名にちなんで改称された。旧町名から「坂本の大黒堂」と呼ばれ、弘法大師作と伝えられる「三面大黒天」を祀る。右に弁財天、左に毘沙門天の顔を持ち、出世・開運・商売繁盛のご利益があるといわれる。

コースと所要時間

スタート 鶯谷駅 ●JR山手線・京浜東北線
0.1km ― 2分
① 元三島神社（寿老神）
0.6km ― 10分
② 入谷鬼子母神（福禄寿）
0.3km ― 5分
③ 英信寺（三面大黒天）
0.2km ― 4分
④ 法昌寺（毘沙門天）
0.7km ― 13分
⑤ 弁天院（朝日弁財天）
0.7km ― 13分
⑥ 飛不動尊正宝院（恵比寿神）
0.6km ― 10分
⑦ 寿永寺（布袋尊）
0.2km ― 3分
ゴール 三ノ輪駅 ●東京メトロ日比谷線

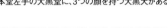

4 毘沙門天 法昌寺《ほうしょうじ》

●東京都台東区下谷2・10・6

慶安元（1648）年に創建された法昌寺。日蓮聖人が現世安穏を祈願して開眼されたという毘沙門天が、勇気授福の神として祀られ、必勝開運を祈願する参拝者を集める。また、元プロボクサーでコメディアンの故たこ八郎が住職の友人であったことから、師匠の由利徹、赤塚不二夫らを発起人として、たこ地蔵が祀られている。

本堂は近代的な造り。毘沙門天堂には石造りの像が

5 朝日弁財天 弁天院《べんてんいん》

●東京都台東区竜泉1・15・9

昭和通りを渡り、ブランコのある公園内に建つ弁天院。開基は、寛永元（1624）年。備中松山城主の水谷伊勢守勝隆が、上野の不忍池に弁天堂を創建すると同時に、その下屋敷であったたこ水の谷の池にも弁財天を祀った。西方の不忍を夕日、東方の水の谷を朝日弁財天と称した。朝日弁財天は芸道富有、結縁を授ける神として人気だ。

本堂に釈迦像と弁財天がきらびやかに祀られている

三ノ輪駅
ゴール
寿永寺（布袋尊）7
東泉小
N
0
200m
明治通り
三ノ輪1
竜泉2
下谷3
日比谷線
昭和通り
4
国際通り
つくばエクスプレス
竜泉3
一葉記念館
飛不動前
竜泉1
6 飛不動尊正宝院（恵比寿神）
5 弁天院（朝日弁財天）
東京トヨペット
台東区
台東病院
東浅草小
十手通り
金美館通り
千束2
千束3
大正小
下谷七福神コースマップ

東京メトロ三ノ輪駅近くに、都電荒川線の三ノ輪駅もある

樋口一葉「たけくらべ」の舞台となった地にある、「一葉記念館」に寄っていこう

恵比寿神
6 飛不動尊正宝院《とびふどうそんしょうぼういん》

●東京都台東区竜泉3-11-11

正宝院は享禄3（1530）年の創建。かつて住職が大峰山にお不動さんを背負って修行に行くと一夜にして飛び帰り、人々にご利益を授けたことで「飛不動」と呼ばれるようになった。ご縁日は10月10日。神が出雲に行って不在となった神無月に、留守を預かるのが恵比寿神。願いごとがよくきくように「きく恵比寿」と呼ばれている。

落ち着いた本堂。きく恵比寿は小堂のガラス越しに見える

布袋尊
7 寿永寺《じゅえいじ》

●東京都台東区三ノ輪1-22-15

寛永7（1630）年の開山。寿永法尼という尼僧が、徳川二代将軍秀忠公の正室お江与の方の菩提を弔うため、この地に庵室を営んだのが始まりで、今に至るまで、その法灯が絶えることなく続いている。また、弥勒菩薩の化身といわれ、清廉《せいれん》度量《どりょう》の神である布袋尊を祀っている。寺院の庭で豪快に笑っている、味のある布袋尊の石像は必見。

新しい本堂。階段の右下に大きなお腹の布袋尊像がある

荒川区
尾久橋通り
尾竹橋通り
竹台高
谷中霊園
京成本線
根岸2
金曽木小
根岸小
金杉通り
スタート
元三島神社（寿老神）1
根岸3
根岸1
柏葉中
鶯谷駅
東京藝術大
寛永寺霊園
根岸3
4 法昌寺（毘沙門天）
根岸1
下谷2
山手線
東京国立博物館
下谷1
入谷駅
入谷鬼子母神（福禄寿）2
3 英信寺（三面大黒天）
入谷1

東京都
北区・荒川区・台東区

COURSE
06

谷中七福神

●やなかしちふくじん

東京最古の七福神詣で、江戸時代にタイムトラベル

古き良き時代に浸れる由緒正しい元祖七福神

北区、荒川区、台東区に点在する7寺院をめぐる谷中七福神。始まりは約250年前。それぞれの神を七福神として祀るようになった創始者が、上野比叡山の開祖、慈眼大師《じげんだいし》天海僧正《てんかいそうじょう》ということから、江戸時代に始まった最古の七福神詣といわれている。スタートは田端駅がおすすめ。途中、谷中銀座や谷中霊園を散策し、上野不忍池にゴール。古き良き時代の下町情緒がコースの随所に感じられ、人気コースとなっている。

ご利益七福神グッズ

美しい木版画調の和紙の御朱印紙で福を集める

このコースの期間中の御朱印紙は、宴を開く七福神が木版画調に印刷された和紙（1000円）。やや大判なため、丸めて持てるように輪ゴムがあると便利。各寺院で御朱印（各200円）を受けるが、御朱印帳への場合は各300円。弁天堂などに200円の七福神おみくじもある。

歩行時間……約1時間30分　歩行距離……約5.3km

DATA

［エリア］東京都北区、荒川区、台東区
［ご開帳＆御朱印受付］
1月1日～10日　9:00～17:00
［問い合わせ］
護国院 ☎03-3821-3906

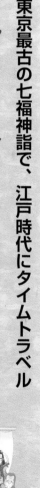

寺務所に鮮やかな緑色の衣の福禄寿が祀られている

① 福禄寿 東覚寺《とうがくじ》

●東京都北区田端2-7-3

福禄寿が祀られている東覚寺。創建は室町時代中期の延徳3（1491）年。源雅和尚《げんがおしょう》が神《かん》田《だ》筋違《すじちがい》に創建し、この地へ移転したという。なんといっても目を引くのは、門前の左右に立つ赤紙仁王（石造金剛力士立像）。江戸に流行していた疫病を鎮めるため造立したと伝わり、体の悪い部分と同じ所に赤紙を貼ると病気が治ると信仰されている。

大きな鯛を抱えた恵比須像が開帳される

② 恵比寿 青雲寺《せいうんじ》

●東京都荒川区西日暮里3-6-4

恵比寿像が祀られている青雲寺。宝暦年間（1751〜1764）、掘《ほっ》田《た》相模守正亮《さがみのかみまさすけ》によって中興されたと伝えられる。この日暮里界隈は、江戸時代より「日ぐらしの里」と呼ばれ、四季折々の花樹を楽しむ行楽地としてにぎわった。この寺も「花見寺」として庶民に親しまれ、境内には、滝沢馬琴の筆塚《ふでづか》の碑など、多くの文人碑が残る。

③ 布袋尊 修性院《しゅしょういん》

●東京都荒川区西日暮里3-7-12

青雲寺からまっすぐ2分ほど歩くと、ピンクの外壁に楽しい布袋尊のイラストが描かれている修性院に着く。この寺院も、江戸時代には自然に囲まれ、草花を数多く植えた庭園があったという。今は本堂に祀られている大きな布袋尊の徳のある姿が有名。見とれているうちに日が暮れてしまう言い伝えから「日ぐらしの布袋」と呼ばれている。

高さ2m、重さ200kgもの布袋尊像を安置

コースと所要時間

スタート 田端駅 ●JR東京山手線・京浜東北線

0.4km — 7分

① 東覚寺（福禄寿）

1.0km — 17分

② 青雲寺（恵比寿）

0.2km — 4分

③ 修性院（布袋尊）

0.9km — 15分

④ 天王寺（毘沙門天）

0.3km — 5分

⑤ 長安寺（寿老人）

0.9km — 15分

⑥ 護国院（大黒天）

1.2km — 20分

⑦ 弁天堂（弁財天）

0.4km — 7分

ゴール 上野駅、京成上野駅 ●JR山手線・京浜東北線 東京メトロ銀座線・日比谷線

山門をくぐると大きな本堂。山門右手に毘沙門堂がある

4 毘沙門天 天王寺《てんのうじ》

●東京都台東区谷中7-14-8

日暮里駅前から線路に沿って谷中霊園に向かうと、左手に毘沙門天が祀られる天王寺がある。鎌倉時代の創建とされる都内有数の古寺で、江戸時代には「富くじ」（現在の宝くじ）が興業された。また、幸田露伴の「五重塔」のモデルとなった天王寺五重塔は、昭和32（1957）年に放火事件により焼失。その跡地は今も谷中霊園に残っている。

5 寿老人 長安寺《ちょうあんじ》

●東京都台東区谷中5-2-22

谷中霊園のさくら通りを抜けると、突き当たりの住宅街に寿老人が祀られる長安寺がある。創建は寛文9（1669）年とされているが、これよりさらに400年前に遡った鎌倉・室町時代の板碑《いたび》（供養のための塔婆の一種）が残され、台東区有形文化財となっている。また、明治初期の日本画家・狩野芳崖《かのうほうがい》の墓もある。

門を入り右手に本堂。黒い木像の寿老人が祀られている

歴史ある本堂。御前立の大黒天木像は台東区文化財

6 大黒天 護国院《ごこくいん》

●東京都台東区上野公園10-18

寛永2（1625）年、天海《てんかい》僧正《そうじょう》の弟子、生順《しょうじゅん》が東叡山釈迦堂の別当寺として建立。現在の東京国立博物館の右手裏に開創し、幾度かの移築の後、昭和初期に現在の場所へ移された。現存する本堂は「釈迦堂」とも呼ばれ、享保7（1722）年に再建されたもの。この寺院の大黒天画像は、徳川三代将軍家光から贈られたと伝えられる。

7 弁財天 弁天堂《べんてんどう》

●東京都台東区上野公園2-1

寛永2（1625）年、天海《てんかい》僧正《そうじょう》が比叡山延暦寺にならって上野の山に寛永寺を創設。弁天堂は、琵琶湖に見立てられた不忍池に中之島（弁天島）を築き建立されたもので、当初は舟で渡っていたという。空襲で焼失し、昭和33（1958）年に再建。本尊である八臂《はっぴ》弁財天は、天台宗の開祖最澄の弟子である慈覚大師《じかくだいし》の作と伝えられている。

鮮やかな本堂。その前に弁財天の琵琶の碑が立つ

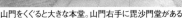

谷中七福神コースマップ

スタート
北区
田端駅
東覚寺❶卍
（福禄寿）
与楽寺坂
谷田谷
動坂下
不忍通り
437
都立駒込病院
狸坂
JR京浜東北・山手線
JR東北・上越新幹線
JR京浜東北線
JR宇都宮・高崎線
西日暮里駅
日暮里・舎人ライナー
京成本線
新三河島駅
JR常磐線
青雲寺❷
（恵比寿）
千歳湯
第一日暮里小
修性院❸
（布袋尊）
夕やけだんだん
谷中銀座
七面坂
荒川区
日暮里駅
千駄木駅
❹天王寺
（毘沙門天）
長安寺❺卍
（寿老人）
谷中小
谷中霊園
台東区
下町風俗資料館「旧吉田屋酒店」
カヤバ珈琲
上野桜木
谷中6
東京芸術大
鶯谷駅
日本医科大
言問通り
千代田線
卍護国院
❻（大黒天）
東京国立博物館
京成本線
根津駅
上野動物園
上野公園
上野恩賜公園
東照宮
モノレール
立ち寄りスポット
17
東京大
本郷通り
東大附属病院
❼卍
弁天堂
（弁財天）
ゴール
不忍池
京成上野駅
上野駅
銀座線
上野駅
日比谷線
N
0
300m

谷中銀座を散策し、夕やけだんだんを上ってコースを進もう

下町風俗資料館の付設展示場「旧吉田屋酒店」に寄り道しよう

大正町家の風情が漂う「カヤバ珈琲」。ふんわり厚焼きの「たまごサンド」（1000円）が名物
●台東区谷中6-1-29

東京都
江東区

COURSE 07

亀戸七福神

●かめいどしちふくじん

スカイツリーを間近に見ながらめぐる手頃なコース

昔ながらの店や町並、味も楽しめるエリア

大国神と恵比寿神が香取神社に祀られているため、全部で6カ所をめぐるコース。ほとんどは住宅街の中を歩くことになるが、ところどころに案内表示があるので見逃さないようにしたい。普門院から天祖神社へは、亀島公園脇を通る近道もあるが、あえて遠回りしてスカイツリーがとてもよく見える北十間川沿いを行くのもおすすめだ。七福神めぐりが終わったら、学問の神様の亀戸天神社にお参りしてみてもいいだろう。

ご利益七福神グッズ

宝船に乗った七福神の専用色紙で御朱印集めを

各寺社に御朱印専用色紙（500円）があり、七福神の御朱印（スタンプ200円、手書き300円）をいただくことができる。また、手持ちの御朱印帳などへの手書きの御朱印（300円～社寺により異なる）をいただくこともできる。

歩行時間……約1時間12分　歩行距離……約4.4km

DATA

［エリア］東京都江東区
［ご開帳＆御朱印受付］
ご開帳＝1月1日～（東覺寺は1月3日まで、常光寺は1月15日まで、その他の社寺は1月7日まで）
ご朱印＝1月1日～7日　9:00～16:30
［問い合わせ］
江東区観光協会亀戸支部 ☎03-3685-0284

本堂の左手に、寿老人像を祀った寿老人堂がある

① 寿老人 常光寺《じょうこうじ》

●東京都江東区亀戸4-48-3

寿老人を祀るこの寺は、天平9（737）年に行基《ぎょうき》によって建立された。本尊は阿弥陀如来で、行基の作。また、江戸六阿弥陀巡礼の6番目霊場。六阿弥陀巡礼とは、阿弥陀像を安置する6カ寺を巡拝すること。江戸時代、彼岸の頃は特に多くの庶民でにぎわったという。他の5カ所は、西福寺、恵明寺、無量寺、与楽寺、常楽院。

弁財天を祀る小さな弁天堂は、門を入ってすぐ右手に

② 弁財天 東覚寺《とうかくじ》

●東京都江東区亀戸4-24-1

創建は享禄4（1531）年。同寺の不動明王は東大寺別当良弁の作である神奈川県の大山寺本尊と同木同作といわれ、江戸時代から亀戸不動としてにぎわいを見せた。明治43（1910）年に深川にあった覚王寺を合併、大日如来《だいにちにょらい》をご本尊とした。また、弘法大師の府内88カ所のうち73番目の札所で、それを示す碑が残されている。

③ 大国神 香取神社《かとりじんじゃ》

●東京都江東区亀戸3-57-22

創建は天智4（665）年、藤原鎌足が東国に出向く際、香取大神を勧請し、太刀一振りを奉納して旅の安泰を祈ったのがその由来とされる江東区内で最も古い神社。また、平将門の乱のとき、追討使がここで戦勝を祈願し乱を平定、感謝の印に弓矢を奉納し勝矢と命名したことから、スポーツ振興の神様としても親しまれている。

本殿に向かって右手の福神社に、恵比寿神と大国神

コースと所要時間

- スタート 亀戸水神駅 ●東武亀戸線
- 0.4km — 7分
- ① 常光寺（寿老人）
- 0.4km — 7分
- ② 東覚寺（弁財天）
- 0.2km — 3分
- ③ 香取神社（大国神）
- ④ 香取神社（恵比寿神）
- 0.4km — 7分
- ⑤ 普門院（毘沙門天）
- 1.6km — 25分
- ⑥ 天祖神社（福禄寿）
- 0.2km — 3分
- ⑦ 龍眼寺（布袋尊）
- 1.2km — 20分
- ゴール 亀戸駅 ●JR総武線

④ 恵比寿神 香取神社《かとりじんじゃ》

●東京都江東区亀戸3-57-22

境内には、亀戸の地名の由来となった亀が井が復元され、恵比寿神と大国神の石像が祀られている。大国神とは、いわゆる大黒様のこと。井戸の水をかけると健康長寿のご利益がある。境内にはほかにも末社の天祖神社や福神社があり、それぞれ毎年例祭が行われている。門前の香取大門勝運商店街は普段から買い物客でにぎわいを見せる。

恵比寿神と大国神の石像の前に聖水が置かれている

⑤ 毘沙門天 普門院《ふもんいん》

●東京都江東区亀戸3-43-3

元和2（1612）年に石浜城（別名三股城）内から移転してきたと伝えられる名刹。その際、誤って梵鐘を隅田川の水中に落としてしまい、その地点が「鐘ケ淵《かねがふち》」（墨田区）の地名の由来となったとも伝えられている。境内には歌人伊藤左千夫の歌碑や、幕末の名横綱、秀ノ山の墓がある。弘法大師府内88カ所の40番札所。

毘沙門天を祀る毘沙門堂は、本堂手前にある

⑥ 福禄寿 天祖神社《てんそじんじゃ》

●東京都江東区亀戸3-38-35

創建は、推古天皇（593〜628）の頃に、聖徳太子の手による神像を祀ったことが起源とされる。天正年間（1573〜1593）に疫病が大流行した際、織田信長の使者が同社に流鏑馬《やぶさめ》を奉納したところ、流行は収まったという。この言い伝えから、現在でも秋の例祭では氏子児童による歩射《びしゃ》が行われる。

参道右手の手水舎の後ろに福禄寿を祀るお社がある

⑦ 布袋尊 龍眼寺《りゅうげんじ》

●東京都江東区亀戸3-34-2

創建は応永2（1395）年。寺の湧水で洗顔すると目がよくなると眼病平癒の観世音として信仰を集め、龍眼寺と改名した。江戸初期には住職が百種類もの萩を植えたことから、萩寺とも呼ばれる。「江戸名所図会」にも萩を見物する人々でにぎわう様子が描かれている。境内には松尾芭蕉や、歌人で国文学者の落合直文など多くの句碑が立つ。

本堂の手前右手に布袋尊を祀る布袋堂がある

亀戸七福神コースマップ
墨田区
江東区
0
200m
池や四季の花を見ながら散策したくなる亀戸天神社
立ち寄りスポット
くらもち珈琲
くらもち珈琲／自家焙煎の喫茶店。店内はミニギャラリーにもなっている。オリジナルブレンド400円
●江東区亀戸3-50-5
JR総武本線
横十間川
龍眼寺（布袋尊）
7
船橋屋本店
亀戸天神社
鷲甲磯貝亀戸天神鳥居前店
6
天祖神社（福禄寿）
5 普門院（毘沙門天）
亀島公園
くらもち珈琲
Olympic
亀戸2
亀戸3
スーパーマーケット
3 4 香取神社（大国神・恵比寿神）
明治通り
ゴール
三菱東京UFJ
亀戸4
亀戸駅
アトレ
2 東覚寺（弁財天）
亀戸駅
水神通り
蔵前橋通り
亀戸4
香取神社の境内にある、亀戸大根栽培発祥の碑
亀戸水神宮
1 常光寺（寿老人）
江東新橋西詰
川沿いの遊歩道から川面に映るスカイツリーが見える
京葉道路
東武亀戸線
亀戸水神駅
スタート
丸八通り
新小原橋
亀戸中央公園
室町幕府の頃の創建と推定される亀戸水神宮

COURSE
8

深川七福神

●ふかがわしちふくじん

下町情緒にふれながら歩く〝歴史と文化の散歩道〟

江戸時代から始まる七福神めぐりの草分け

周辺には史跡旧跡が多く、また下町情緒にふれながら歩くことができる深川七福神。この七福神めぐりは、東京都が指定した「歴史と文化の散歩道」とほぼコースが重なっている。松尾芭蕉ゆかりのスポットが多く人気が高い。江戸時代から始まり、昭和20（1945）年の戦災で各寺社が全焼、しばらく中断していたが、昭和45（1970）年から復活。正月は元旦から7日の間にご開帳が行われ、数多くの参詣者が訪れる。

ご利益七福神グッズ

七福神の顔のお鈴を集めて「鈴掛け七福神」を完成させよう

元日から1月7日に深川七福神で領布される品々の中で特に魅力的なグッズは、七福神の顔のお鈴（各300円）と宝船が描かれた提灯を吊るす福笹「鈴掛け七福神」（1000円）。福笹は七つの寺社のどこでも、お鈴は各寺社で授与される。御朱印用の色紙（1000円）も各寺社でいただけ、押印した御朱印料（各100円）を納める。お守り（各200円）は、色紙に貼っても持ち歩いてもいい。

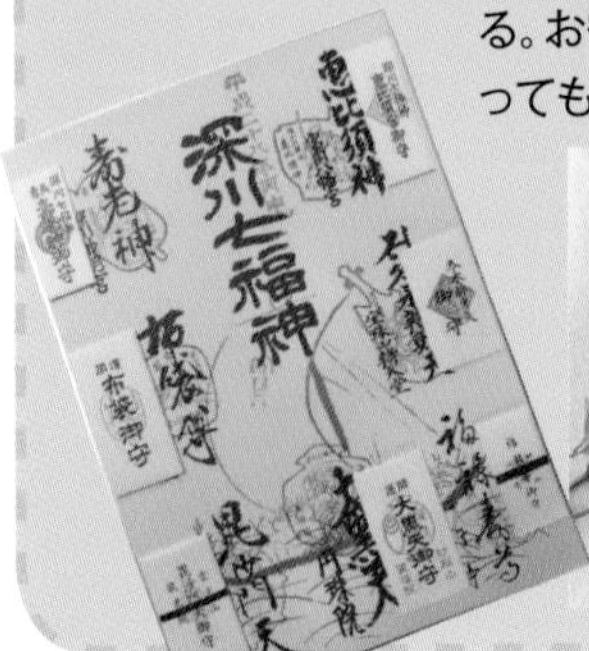

歩行時間……約1時間23時　歩行距離……約4.8km

DATA

[エリア] 東京都江東区
[ご開帳＆御朱印受付]
1月1日～7日　9:00～17:00
[問い合わせ]
心行寺（深川七福神会）☎03-3641-2566

① 寿老神
深川神明宮《ふかがわしんめいぐう》
●東京都江東区森下1-3-17

「神明様」の呼び名で地域の人々から親しまれている深川で最も創立の古い神社。慶長元（1596）年、この地の開拓者、深川八郎右衛門が、鎮守の宮として伊勢皇大神宮のご分霊を祀り創建。八郎右衛門の姓、深川は地名の由来でもある。現社殿は昭和43（1968）年の造営。寿老神は境内の右手にある寿老神社に安置されている。

境内右手の小さな祠が寿老神社。立て看板があってわかりやすい

② 布袋尊
深川稲荷神社《ふかがわいなりじんじゃ》
●東京都江東区清澄2-12-12

布袋尊の祀られている深川稲荷神社は、寛永7（1630）年創立された歴史ある社。古くは、船大工が多く住んでいた旧町名の深川西大工町から西大稲荷と呼ばれていた。祭神は宇賀魂命、西大稲荷といわれる。小さな社殿前に石造の布袋尊が鎮座している。町会によって管理運営されている無住社だが、元旦から7日まではご開帳している。

小さいながらも立派な鳥居が目印となっている

③ 毘沙門天
龍光院《りゅうこういん》
●東京都江東区三好2-7-5

慶長16（1611）年に日本橋馬喰町に創立。二度の大火で焼失、天和2（1682）年に現在の地に移転したときに、鬼門除けとして境内の東北角に石造の毘沙門天が安置された。昭和11（1936）年に毘沙門堂が建立されたが戦災で焼失。復興後に木造の毘沙門天が祀られた。本堂前には、区内有数の大きさの石造五輪塔が立っている。

本堂右側に、高さ約3.5mもある五輪塔が立つ

コースと所要時間

スタート **森下駅** ●都営地下鉄新宿線・大江戸線
0.3km ― 5分
① **深川神明宮**（寿老神）
0.6km ― 10分
② **深川稲荷神社**（布袋尊）
1.3km ― 22分
③ **龍光院**（毘沙門天）
0.4km ― 7分
④ **円珠院**（大黒天）
0.8km ― 14分
⑤ **心行寺**（福禄寿）
0.5km ― 9分
⑥ **冬木弁天堂**（弁財天）
0.4km ― 7分
⑦ **富岡八幡宮**（恵比寿神）
0.5km ― 9分
ゴール **門前仲町駅** ●東京メトロ東西線、都営地下鉄大江戸線

可愛らしい大黒天が祀られている

4 大黒天 円珠院《えんじゅいん》

●東京都江東区平野1-13-6

深川七福神で4番目にめぐるのは、江戸時代から深川の大黒天として人気を集めている円珠院。享保5（1720）年11月13日に描かれた、と記される大黒天の掛け軸があることから、その頃の創立とされる。門を入ってすぐの院内には、木造の大黒天、境内には親しみやすい笑顔をした石造の破顔大黒天が安置されている。

5 福禄寿 心行寺《しんぎょうじ》

●東京都江東区深川2-16-7

福禄寿が祀られる心行寺は、元和2（1616）年京橋八丁堀寺町に創立され、寛永10（1633）年、現在の地に移った由緒ある名刹。関東大震災と戦災により焼失したが、昭和42（1967）年に現在の本堂が再建。その後、福禄寿が祀られる六角堂が完成した。境内には元亨4（1324）年に建てられた江東区最古の五重石塔もある。

本堂の左手にある福録寿の祠。その横には石像の福録寿像もある

6 弁財天 冬木弁天堂《ふゆきべんてんどう》

●東京都江東区冬木22-31

木場の材木豪商、冬木弥平次が宝永2（1705）年に日本橋茅場町から深川に屋敷を移転。邸内の大きな池のほとりに、竹生島から移した弁財天を祀るために冬木弁天堂が建てられた。等身大の裸形弁天は、関東大震災で焼失するまで毎年一回衣装の着替行事が行われていた。現在の弁天堂は、昭和28（1953）年に再建されたもの。

狛犬が出迎える狭い階段を上がると、すぐ右奥に本堂があり弁財天が祀られている

7 恵比須神 富岡八幡宮《とみおかはちまんぐう》

●東京都江東区富岡1-20-3

寛永4（1627）年に創建。江戸最大の八幡様で、「深川の八幡様」として親しまれ、信仰を集める富岡八幡宮。広大な境内には17の末社があり、深川七福神の恵比須神は、北西側の恵比須宮に祀られている。正面参道からではなくこの社へ通じる鳥居から参拝できる。毎月1、15、28日の月次祭は、縁日として大変なにぎわいをみせる。

広大な敷地の境内には、伊能忠敬の銅像や相撲力士の碑などもある

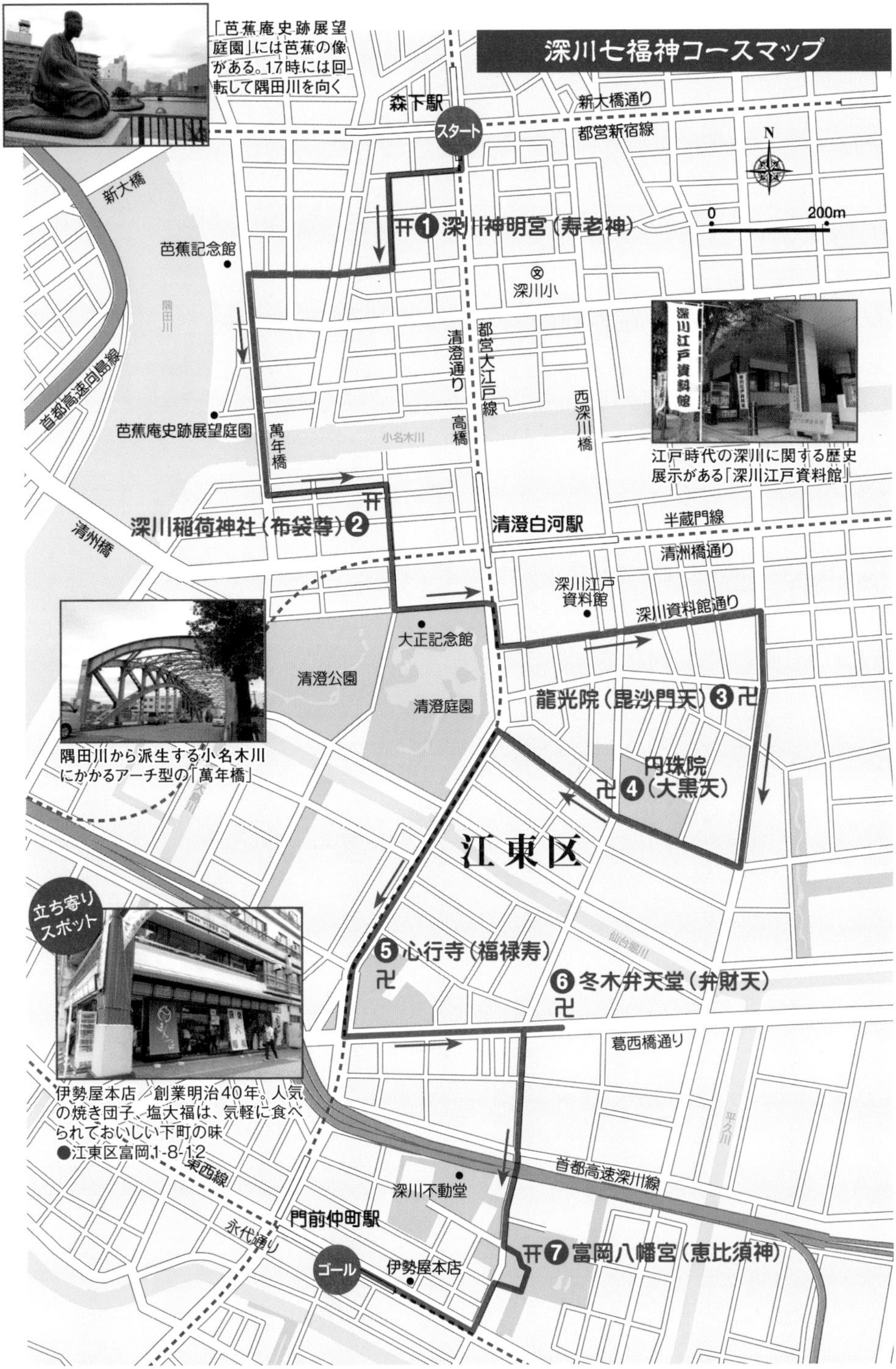
深川七福神コースマップ
「芭蕉庵史跡展望庭園」には芭蕉の像がある。17時には回転して隅田川を向く
森下駅
スタート
新大橋通り
都営新宿線
N
0
200m
新大橋
芭蕉記念館
隅田川
首都高速向島線
①深川神明宮（寿老神）
深川小
清澄通り
都営大江戸線
西深川橋
高橋
小名木川
萬年橋
芭蕉庵史跡展望庭園
江戸時代の深川に関する歴史展示がある「深川江戸資料館」
深川江戸資料館
深川稲荷神社（布袋尊）②
清洲橋
清澄白河駅
半蔵門線
清洲橋通り
深川江戸資料館
深川資料館通り
大正記念館
清澄公園
清澄庭園
隅田川から派生する小名木川にかかるアーチ型の「萬年橋」
龍光院（毘沙門天）③
円珠院
④（大黒天）
江東区
立ち寄りスポット
⑤心行寺（福禄寿）
⑥冬木弁天堂（弁財天）
仙台堀川
葛西橋通り
伊勢屋本店　創業明治40年。人気の焼き団子、塩大福は、気軽に食べられておいしい下町の味
●江東区富岡1-8-12
東西線
首都高速深川線
平久川
深川不動堂
門前仲町駅
永代通り
⑦富岡八幡宮（恵比須神）
ゴール
伊勢屋本店

東京都
中央区

COURSE 9

日本橋七福神

●にほんばししちふくじん

江戸情緒いっぱいの日本一コンパクトな七福神めぐり

江戸の人々に愛された町並みと神社をめぐる

小伝馬町、人形町、水天宮前、三越前、新日本橋……どこの駅を出発点に、どこへ戻っても1時間半もかからずに回りきれる。日本一短時間で巡拝できる日本橋七福神だが、回る神社は古い歴史を持ち、神社だけで構成されているのもめずらしい。ご開帳はお正月期間だけ。1月4日は日本橋三越の七福神ツアーで混雑するため、この日は避けてお参りしたい。各神社の由緒も興味深く、江戸情緒を味わいながら回ることができる。

ご利益七福神グッズ

「日本橋七福神」参拝記念として集めたい御朱印と宝船

1月1日から7日までは、各神社で御朱印をいただける。スタートの神社で社名入りの色紙（2500円）を受け、あとは各社でスタンプラリーのように、御朱印を押してもらう。無人となる神社もあるため、お正月期間以外は行われていない。宝船は、最初に船（1500円）を受け、お像（一体500円）を各神社でいただいて七福神をそろえよう。小網神社には通年いただける七福神の絵馬（700円）もある。

歩行時間……約50分　歩行距離……約3.3km

DATA

［エリア］東京都中央区
［ご開帳＆御朱印受付］
1月1日～7日　9:00～17:00
［問い合わせ］
小網神社 ☎03-3668-1080

① 恵比寿神
椙森神社《すぎのもりじんじゃ》

●東京都中央区日本橋堀留町1-10-2

商売の神、福徳の神、恵比寿神から。創建は一千年も前。平安時代、藤原秀郷が平将門の乱を鎮定するために戦勝祈願した神社といわれる。江戸時代、火災で焼失した寺社再建のために有力寺社で富興行が行われた。それを記念した富塚の碑が境内に立つことから、宝くじの当選祈願で訪れる人も多い。10月19・20日の恵比寿祭が有名だ。

烏森神社、柳森神社とともに、「江戸三森」と呼ばれ、江戸庶民の信仰を集めた。左は富塚の石碑

本社同様「紋三郎稲荷」と呼ばれ親しまれている。常陸七福神に入っている本社の守護神は、大黒天

② 寿老神
笠間稲荷神社《かさまいなりじんじゃ》

●東京都中央区日本橋浜町2-11-6

人形町通りを水天宮方面に向かい、人形町交差点を左折すると金座通りに面した笠間稲荷神社に到着。日本三大稲荷のひとつ茨城県の笠間稲荷が江戸時代末期、安政2（1855）年に分祀されたもの。東京別社のご祭神は〝寿老神〟。神社だけをめぐる七福神ならではの呼称だ。福徳長寿の守護神は、運命をよい方向へと切り開いてくれる。

③ 毘沙門天
末廣神社《すえひろじんじゃ》

●東京都中央区日本橋人形町2-25-20

大通りから2本入った通りを人形町通りに向かって歩くとビルに挟まれた小さな社殿が現れる。創建は慶長元（1596）年以前と古いが、このあたりに吉原があった江戸時代初期（1617〜1657）には、吉原の守り神として信仰されていた歴史を持つ。除災勝運の毘沙門天が、今もこの地の飲食業商戦をしっかり守っている。

末広がりの縁起のいい社号は、延宝3（1675）年の社殿修復の際に末廣扇が見つかったことからつけられた

コースと所要時間

スタート　小伝馬町　●東京メトロ日比谷線

0.3km　5分

① 椙森神社（恵比寿神）

0.8km　13分

② 笠間稲荷神社（寿老神）

0.3km　5分

③ 末廣神社（毘沙門天）

0.3km　5分

④ 松島神社（大国神）

0.3km　5分

⑤ 水天宮（弁財天）

0.2km　3分

⑥ 茶ノ木神社（布袋尊）

0.7km　7分

⑦ 小網神社（福禄寿・弁財天）

0.4km　7分

ゴール　人形町駅　●東京メトロ日比谷線、都営浅草線

最近では「良夢」というお札が人気を集めている

4 大国神 松島神社《まつしまじんじゃ》

●東京都中央区日本橋人形町2-15-2

江戸初期、吉原大門へ続く唯一の道、大門通りへ左折。新大橋通り手前の鳥居の奥にビルがあり、中に神社がある。11月に酉の市が開かれるのは、この周囲が歓楽街で、職人や呉服商人、歌舞伎役者らの参拝が盛んだった証だ。武家屋敷造営に集められた人々が故郷の神々の合祀を願い出たため、ご祭神は十四柱。そのひとつが大黒主神だ。

5 弁財天 水天宮《すいてんぐう》

●東京都中央区日本橋蛎殻町2-4-1

新大橋通りを右折すれば安産祈願で有名な水天宮。久留米藩九代藩主・有馬頼徳公の江戸上屋敷内から移された。平成28年4月に新社殿に建て替えられ、弁財天は本殿左の社殿に祀られている。有馬公が前田公と能の芸を競った際に願掛けし、勝利したことから「宝生弁財天」と呼ばれる。芸事や学業・金運のご利益が高いと信仰を集める。

毎月5日と巳の日には社殿の扉が開き、運慶の作といわれるご神像を拝観できる

高層マンションの建築時にいまの場所に建て替えられた。「お茶ノ木様」と呼ばれている

6 布袋尊 茶ノ木神社《ちゃのきじんじゃ》

●東京都中央区日本橋人形町1-12-10

水天宮から徒歩3分。見落としそうな小路にこぢんまりと建つ。江戸時代、下総佐倉の城主堀田家の守護神として祀られたものだ。神社の周囲に見事な茶ノ木がめぐらされていたのが社名の由来。白いキツネが見守るお稲荷様だが、昭和60(1985)年福徳円満の神・布袋尊が合祀され七福神に加わった。火伏せの神としても信仰される。

7 福禄寿・弁財天 小網神社《こあみじんじゃ》

●東京都中央区日本橋小網町16-23

趣のある木造社殿が現れる。昭和4(1929)年に建造された総尾州檜造りの社殿と神楽殿は戦災を免れ、中央区民文化財に指定されている。強運厄除のご利益で、室町後期文正元(1466)年創建の古社。7番目の神様は福徳金運長寿の福禄寿。鳥居の左側に像がある。財運学芸の神、東京銭洗い弁天としても有名な弁財天も祀られている。

11月のどぶろく祭、お正月まで行われる強運厄除の「みみずく」の授与などの行事にも大勢の人々が訪れる

日本橋七福神コースマップ
浜町駅
0
150m
明治座
清洲橋通り
日本橋浜町1
新大橋通り
浜町出口
日本橋蛎殻町2
首都高速向島線
箱崎ジャンクション
笠間稲荷神社（寿老神）②
松島神社（大国神）④
水天宮（弁財天）⑤
水天宮前駅
都営新宿線
警察署前
久松署
久松小
日本橋人形町2
地下鉄人形町ビル
甘酒横丁
大門通り
重盛永信堂
BOOKS PISMO
日本橋久松町
末廣神社③（毘沙門天）
都営浅草線
甘酒横丁
⑥茶ノ木神社（布袋尊）
からくり時計
大観音寺
人形町
玄治店跡
人形町駅
ゴール
魚久本店
東京穀物商品取引所
日本橋小
人形町通り
堀留町
小網神社⑦（福禄寿・弁財天）
日本橋堀留町1
小伝馬町駅
日比谷線
スタート
①椙森神社（恵比寿神）
堀留公園
中央区
江戸橋ジャンクション
えびす通り
日本橋小舟町
昭和通り
日本橋駅
JR総武本線
本町出入口
日本橋本町2
半蔵門線
立ち寄りスポット
銀座線
三越
三越前駅

高さが170cmもある鉄造菩薩頭（都指定文化財）が祀られている「大観音寺」

歌舞伎「与話情浮名横櫛」で知られる「玄治店跡」

人形町通りに立つ、町のシンボル「からくり時計」

重盛永信堂／七福神の顔を模した極薄の皮に、甘みがきいたこしあんがたっぷり。重盛の人形焼は1個130円
●中央区日本橋人形町2-1-1

東京都
港区

COURSE 10

港七福神

●みなとしちふくじん

都心の名所をめぐりながら、ご利益も授かる

見どころの多いエリア。観光しながらめぐれる

七福神に宝船を加え、全部で8カ所をめぐるめずらしいコース。アークヒルズから六本木交差点、東京ミッドタウン、六本木ヒルズと、前半は六本木通りを中心に都心のビル群を歩く。いくつかの坂を通り過ぎるとにぎやかな麻布十番商店街。その後は、東京タワーをめざして国道を進むコース。東京の見どころが多いコースなので、観光も兼ねてめぐるのもいい。その際は、地下鉄や都営バスなどを上手に使うと疲れずにまわれる。

1 布袋尊 久國神社《ひさくにじんじゃ》

●東京都港区六本木2-1-16

江戸築城のため、太田道灌《どうかん》が久國《ひさくに》作の宝刀を寄付したことが名称の由来。ここに祀られている布袋像は70年以上前に作られた陶器の像で、本殿奥の厨子に入れられ、大切に守られている。

六本木とは思えない、静けさに包まれた境内

ご利益七福神グッズ

御朱印色紙と「御守あつめ」もあり

御朱印専用色紙は無料。七福神名が入った色紙に、お姿の印（各300円）を各寺社で押していただける。また、各社寺をめぐり、御祭神の描かれた御守（各500円）を8体集めると、豪華で縁起のよい宝船の絵が完成する「御守あつめ」もあり。

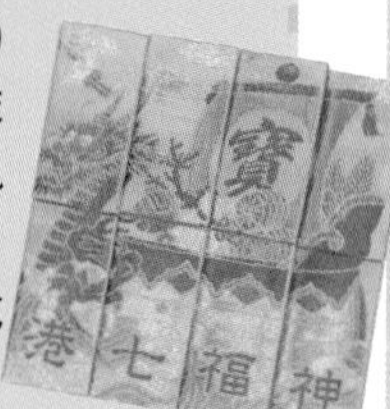

歩行時間……約2時間　歩行距離……約7.2km

DATA

[エリア] 東京都港区
[ご開帳＆御朱印受付]
1月1日～成人の日まで（各寺社による）
9:00～17:00（最終日の受付は14:00まで）
[問い合わせ]
十番稲荷神社 ☎03-3583-6250

② 福禄寿　天祖神社《てんそじんじゃ》

●東京都港区六本木7-7-7

南北朝時代の1384（至徳元）年の創建と伝えられる。当時、この社に毎夜、江戸湾から龍が灯明をあげに来たという故事から、龍土《りゅうど》神明宮《しんめいぐう》とも呼ばれている。東京ミッドタウンに向かって進み、龍土町《りゅうどちょう》美術館通りを入る。福禄寿像は、境内右手の満福稲荷社に祀られている。正月三が日のみ、本殿でご神像を拝観できる。

境内に鎮座する満福稲荷社に福禄寿神が祀られている

③ 寿老神　櫻田神社《さくらだじんじゃ》

●東京都港区西麻布3-2-17

治承4（1180）年、源頼朝の命により、霞山稲荷神社として現在の霞ヶ関に創建したのが起源。徳川家康入府の後、寛永元（1624）年に現在地に移った。文治5（1189）年に頼朝公が30貫の田畑を寄進し、一般農家の田と区別するために畔に桜を植えたのが「桜田」の由来といわれている。寿老神像のご開帳は1月1日～8日まで。

寿老神は、境内の福壽稲荷社に祀られている

④ 毘沙門天　氷川神社《ひかわじんじゃ》

●東京都港区元麻布1-4-23

朱雀天皇の御代938年に清和源氏の祖・源経基が平将門の乱平定のため東征した時、麻布一本松の地に創建。江戸氷川七社の一社として江戸徳川将軍も厚く尊信された記が残っている。また麻布郷総鎮守として崇敬され、当時は遠く富士山も眺望できる、四方絶景の社だった。昭和初期の大祭時、二頭の牛に引かせた大神輿が神輿庫にある。

諸外国の大使館も多く、国際色豊かな街のお社だ

コースと所要時間

スタート　六本木一丁目駅
●東京メトロ南北線

0.2km — 3分

① 久國神社（布袋尊）

1.3km — 20分

② 天祖神社（福禄寿）

0.7km — 12分

③ 櫻田神社（寿老神）

1.4km — 24分

④ 氷川神社（毘沙門天）

0.4km — 7分

⑤ 大法寺（大黒天）

0.3km — 5分

⑥ 十番稲荷神社（宝船）

1.3km — 22分

⑦ 飯倉熊野神社（恵比寿）

0.6km — 10分

⑧ 宝珠院（弁財天）

1.0km — 17分

ゴール　大門駅
●都営地下鉄浅草線
大江戸線

左手の大きな桐の木の下には、稲荷社が祀られている

大黒天

5 大法寺《だいほうじ》

●東京都港区元麻布1-1-10

慶長2（1597）年、日利《にちり》上人《しょうにん》によって創立。江戸時代より「麻布一本松大黒天」「赤門寺」と呼ばれ、伝教大師作「三神具《さんじんぐ》足大黒尊天《そくだいこくそんてん》」を勧進し、庶民の信仰を集める。「三神具足」とは、そのお姿が大黒天・毘沙門天・弁財天の三神の姿を組み合わせたもので、その力は寿福増進（大黒天）、除災得幸（毘沙門天）、円満（弁財天）の福徳を併せ持つ。

宝船

6 十番稲荷神社《じゅうばんいなりじんじゃ》

●東京都港区麻布十番1-4-6

港七福神の「宝船」のお社で、7人の神様プラス宝船の巡拝所となっている。境内には、かえるの石像がある。これは江戸時代の大火の際、大かえるが水を吹きかけて山崎家のお屋敷だけが猛火を退けた伝説に由来。その後に万人に授けたお札を同神社が授与することになったことによる。平成9年の地下鉄開通に伴い、本殿も建て替えられた。

鳥居の左側に表情豊かな神様が乗る宝船が祀られている

東京タワーを見上げるように桜田通り沿いに鳥居が建つ

恵比寿

7 飯倉熊野神社《いいくらくまのじんじゃ》

●東京都港区麻布台2-2-14

社伝には養老（717~724）年間、芝浦の地に鎮座、文明（1469~1486）年間に太田道灌《どうかん》により再建されたとある。道灌が赤羽橋付近へ出陣または凱旋の折、参詣し鯛を供え戦勝を祈願したことから、当時の人が土製の鯛を祈願成就の供え物とし、太田稲荷神社が恵比寿稲荷（現在本殿合祀）と称されるようになったといわれる。

弁財天

8 宝珠院《ほうじゅいん》

●東京都港区芝公園4-8-55

貞享2（1685）年に増上寺三十世霊玄上人が芝弁天池に弁天堂を建立し同時に宝珠院を開創。秘仏弁財天は、三井寺の開山智証大師（円珍）により858年竹生島にて彫刻された。源頼朝公や後の徳川家康公も厚く信仰され江戸幕府開府という大願を達成したことから、家康公自ら「開運出世大辨才天」と名付けた。

港区指定文化財の閻魔大王像も安置されている。

港七福神コースマップ

ゴール
大門駅
都営浅草線
日比谷通り
0
300m
港区役所
芝公園駅
芝公園4
増上寺
ザ・プリンス
パークタワー東京
卍 8 宝珠院（弁財天）
東京タワー
桜田通り
赤羽橋駅
飯倉公園
1
東麻布1
三田1
7
飯倉熊野神社
（恵比寿）
東麻布2
六本木1
日比谷線
六本木2
六本木
一丁目駅
スタート
首都高速都心環状線
首都高速目黒線
東麻布3
1
久國神社（布袋尊）
六本木2
南北線
麻布十番駅
麻布十番駅
六本木3
首都高速渋谷線
十番稲荷神社 6
（宝船）
麻布十番2
麻布十番3
麻布かりんと
麻布十番1
六本木4
5 卍
大法寺
（大黒天）
一本松坂
氷川神社
（毘沙門天）
4
元麻布1
六本木駅
六本木駅
東京ミッドタウン
六本木通り
六本木7
港区
仙台坂上
外苑東通り
2 天祖神社
（福禄寿）
六本木ヒルズ
六本木6
元麻布3
元麻布2
麻布署
櫻田神社 3
（寿老神）
愛育病院前
乃木坂駅
西麻布1
西麻布3
芝公園の隣にある、旧台徳院霊廟・惣門。仁王像が置かれている
立ち寄りスポット
麻布かりんと　野菜やフルーツなど50種類のかりんとうが並ぶ。
●港区麻布十番1-7-9
今も変わらない東京のシンボル・東京タワー
櫻田神社の向かいは六本木ヒルズのある六本木けやき坂通り

東京都
品川区

COURSE 11

東海七福神

●とうかいしちふくじん

旧東海道沿いに点在する由緒ある寺社をめぐる

宿場町・品川の歴史を訪ねて歩く

徳川氏が慶長6（1601）年に東海道五十三次を定め、品川は第一の宿駅となった。沿道には由緒ある寺社が多く、古くから七福神が祀られ「七難即滅　七福即生」の故事により参詣が多数。昭和7（1932）年に品川が大東京（大正から昭和初期にかけての地域区分）に編入されたことを記念して、「東海七福神初詣」が定められた。各寺社は京浜急行電鉄の沿線上に点在し、電車を利用しても気軽に参詣することができる。

ご利益七福神グッズ

七福神の像を集めて おめでたい宝船を飾ろう

七福神用の色紙に各寺社で御朱印（各500円）をいただく。都合で全カ所めぐりができない方は、七寺社の印の入った色紙（1000円）を授かることも可能。

ほかに船（1200円）とお像（各300円）。こちらも各寺社でいただくが、完成した宝船（3000円）もある。

歩行時間……約1時間25分　歩行距離……約5.0km

DATA

［エリア］東京都品川区
［ご開帳＆御朱印受付］
1月1日～11日　9:00～17:00
［問い合わせ］
各寺社へ

① 弁財天 磐井神社《いわいじんじゃ》

●東京都品川区大森北2-20-8

敏達天皇《びだつてんのう》の代に創建と伝えられ、延喜《えんぎ》式神名帳《しきじんみょうちょう》にも記載されている式内社。「三代実録」によれば貞観元（859）年に武蔵国従五位磐井神社官社に列し、武州八幡社の惣社に定められたとされる。幾度かの戦火をくぐってきたこの神社は「江戸名所図絵」に「鈴森八幡宮」の名で記され、多くの参拝客でにぎわった様子が伝えられている。

本殿は戦火で焼失。昭和29（1954）年に再建された

② 福禄寿 天祖・諏訪神社《てんそ・すわじんじゃ》

●東京都品川区南大井1-4-1

天祖神社の創建は建久年間（1190〜1199）以前、諏訪神社は寛永8（1631）年以前であったと伝えられる。かつては神明宮、諏訪社と称され、東京湾に面し立会川をはさんで祀られていたという。両社は昭和40（1965）年に合祀。浜川町と元芝の鎮守の氏神として信仰され、福禄寿の神様としても親しまれている。

本殿のほかに、境内には稲荷神社と厳島神社がある

③ 毘沙門天 品川寺《ほんせんじ》

●東京都品川区南品川3-5-17

開山は弘法大師空海。大同年間（806〜810）に開創された品川で最も古い寺だ。本尊水月観音《すいげつかんのん》は、弘法大師がこの地の領主、品河《しながわ》氏に授けたものと伝えられる。江戸時代の末、寺域は荒廃。大梵鐘も海外に搬出、草堂一宇に本尊を安置し、江戸六地蔵とともにわずかに法灯を伝えるのみとなったが、大正から昭和にかけて復興を叶えた。

祀られている毘沙門天は足利時代のものと言われる

コースと所要時間

スタート 大森海岸駅 ●京浜急行線

0.3km — 5分

① 磐井神社（弁財天）

1.5km — 25分

② 天祖・諏訪神社（福禄寿）

1.2km — 20分

③ 品川寺（毘沙門天）

0.9km — 15分

④ 荏原神社（恵比須）

0.7km — 12分

⑤ 一心寺（寿老人）

0.1km — 2分

⑥ 養願寺（布袋尊）

0.2km — 4分

⑦ 品川神社（大黒天）

0.1km — 2分

ゴール 新馬場駅 ●京浜急行線

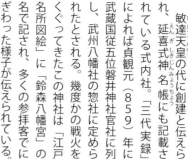

4 恵比須 荏原神社《えばらじんじゃ》

● 東京都品川区北品川2-30-28

和銅2（709）年に奈良の官幣《かんぺい》大社から龍神を勧請し創建した由緒ある神社。かつては貴船社、天王社、品川大明神などと称されていたが、明治8（1875）年に現在名に改称。社殿は弘化元（1844）年に建てられた歴史的建造物。旧荏原郡の中で最も由緒のある神社であったことから、荏原郡の名を冠した社号となった。

石造の恵比須は参道を入ってすぐの左手にある

5 寿老人 一心寺《いっしんじ》

● 東京都品川区北品川2-4-18

安政2（1855）年、日本開国の頃、井伊直弼《なおすけ》公が品川宿場町の安泰と発展を祈願し開山、町民代表の手で建立されたと伝えられる。後に焼失するが、明治18（1885）年に再興した。昭和61（1986）年より東海七福神の寿老人の指定寺院に認定。旧東海道品川宿にあり、江戸時代より品川の庶民に愛され信仰を集めている。

商店街にある一心寺は小さいながらも風格ある造り

東海七福神コースマップ

大井町駅
りんかい線
品川区
大井署
鮫洲駅
青物横丁駅
南品川3
③ 品川寺（毘沙門天）
街道松の広場
荏原神社（恵比須）④
新馬場駅
ゴール
第一京浜
山手通り
目黒川
北品川3
⑦品川神社（大黒天）
包丁塚
養願寺（布袋尊）
北品川2
⑥
聖蹟公園
一心寺 ⑤（寿老人）
宿場通り
旧東海道
元なぎさ通り
鮫洲公園
品川署
ジュネーブ平和通り
湾岸通り
357
0
300m
N

品川神社境内にある「包丁塚」。不用になった庖丁を奉る

明治天皇が行幸された際の行在所であった「聖蹟公園」

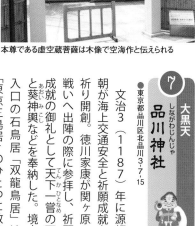

6 布袋尊 養願寺《ようがんじ》

●東京都品川区北品川2-3-12

本尊として虚空蔵菩薩《こくうぞうぼさつ》が安置され「品川の虚空蔵さま」と呼ばれる。正安元（1299）年の創立。什慶が寛文年中（1661～1672）に中興開山した。本堂には鎌倉時代の制作と推定される善光寺の本尊を模作した銅造阿弥陀如来三尊、万治元（1658）年に造立発願をした仏師 春達《しゅんたつ》によると推定される木造不動三尊像などを祀る。

本尊である虚空蔵菩薩は木像で空海作と伝えられる

7 大黒天 品川神社《しながわじんじゃ》

●東京都品川区北品川3-7-15

文治3（1187）年に源頼朝が海上交通安全と祈願成就を祈り開創。徳川家康が関ヶ原の戦いへ出陣の際に参拝し、祈願成就の御礼として天下一嘗《てんかひとなめ》の面と葵神輿《あおいみこし》などを奉納した。境内入口の石鳥居「双龍鳥居」は「東京三鳥居」のひとつに数えられ、門柱に龍の細工が施されている。現在の社殿は昭和39（1964）年に再建したもの。

門前には大きな鳥居と迫力満点の大黒天石像がある

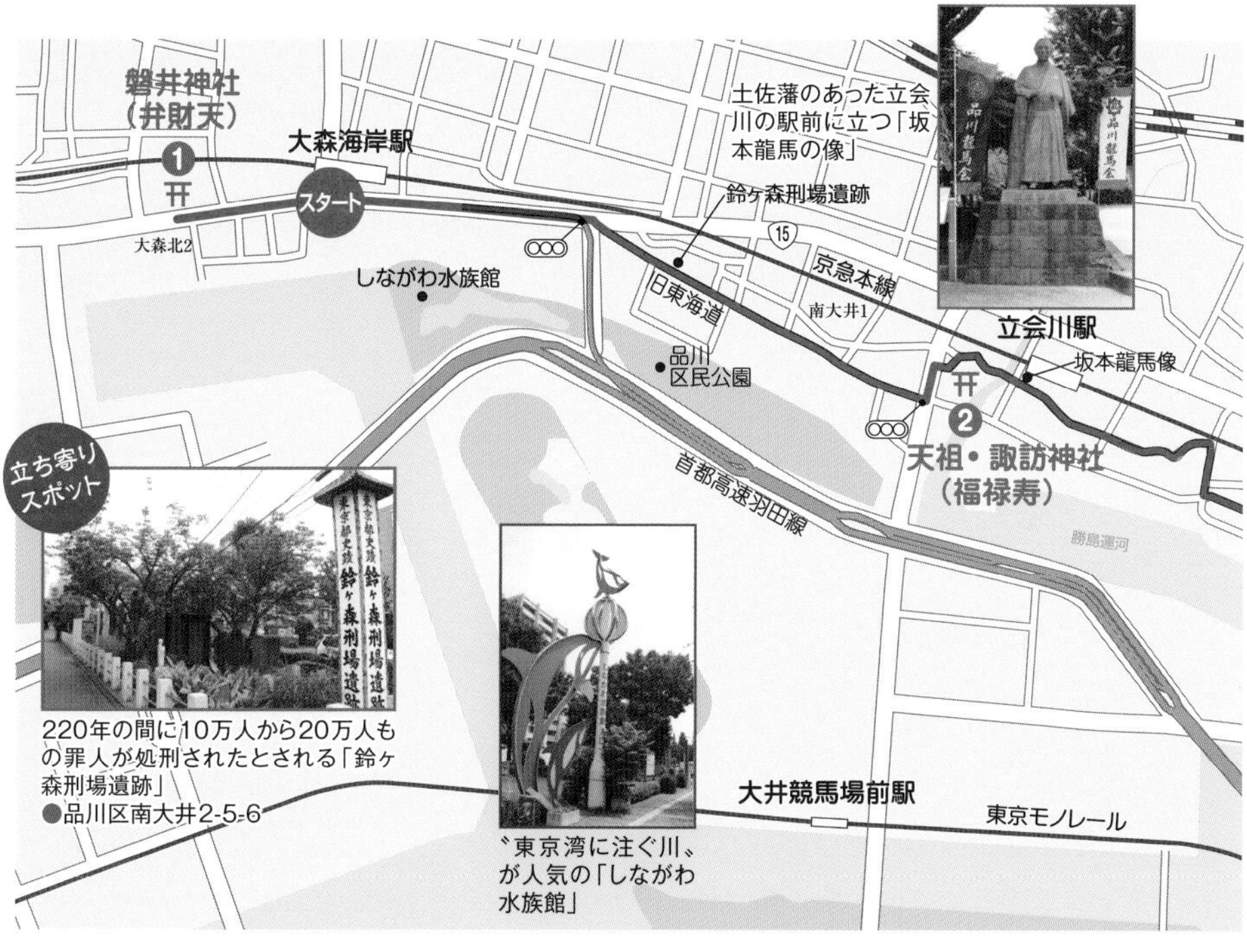

磐井神社
（弁財天）
1
大森海岸駅
スタート
大森北2
しながわ水族館
鈴ヶ森刑場遺跡
15
旧東海道
京急本線
南大井1
品川
区民公園
立会川駅
坂本龍馬像
2
天祖・諏訪神社
（福禄寿）
首都高速羽田線
勝島運河
大井競馬場前駅
東京モノレール
立ち寄りスポット

土佐藩のあった立会川の駅前に立つ「坂本龍馬の像」

220年の間に10万人から20万人もの罪人が処刑されたとされる「鈴ヶ森刑場遺跡」
●品川区南大井2-5-6

〝東京湾に注ぐ川〟が人気の「しながわ水族館」

東京都
港区・目黒区

COURSE 12

元祖山手七福神

●がんそやまてしちふくじん

江戸最初の七福神めぐり。都会の中の緑豊かなコース

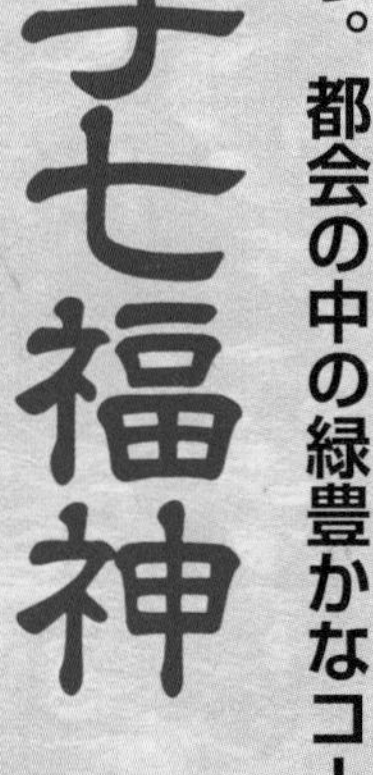

目黒駅を中心に東西に伸びる歴史ある参詣道

〝元祖〟と名がつくように、江戸最初の七福神めぐりコース。江戸城の裏鬼門にあたる目黒を守るために建立され、将軍が鷹狩りの際に参詣した目黒不動堂（瀧泉寺）の参詣道筋に設置されたのが由来といわれる。目黒界隈は坂が多く、行人坂《ぎょうにんざか》上からは、時に富士山が見える。ここの特徴は、回った順番でご利益が違うこと。蟠龍寺や瀧泉寺から回ると商売繁盛祈願、覚林寺や瑞聖寺から回ると無病息災・長寿祈願のご利益があるそうだ。

ご利益七福神グッズ

ここにしかない七福神ダルマ。おみくじで一年を占おう

色紙は200円。手持ちの色紙でも御朱印（各300円）をいただける。また、各寺院（6カ所）でかわいらしい七福神ダルマ（各500円、飾り台500円）を授与していただける。木製のダルマの中にはおみくじが入っている。七福神めぐりの期間以外でも授与していただけるので、ぜひ7体集めたい。

歩行時間……約1時間20分　歩行距離……約4.8km

DATA

[エリア] 東京都港区、目黒区
[ご開帳＆御朱印受付]
1月1日～1月7日　9:00～16:00
[問い合わせ]
各寺社へ

本堂右手にある岩窟内に弁財天が安置されている

1 岩屋弁財天 蟠龍寺《ばんりゅうじ》

●東京都目黒区下目黒3-4-4

行人坂にあった称明院が宝永6（1709）年に現在の地に移され、改名再建されたお寺。本堂にある本尊の木造阿弥陀如来像は、都の有形文化財に指定されている。本堂の右手の岩窟《がんくつ》の中には、石造の岩屋弁財天が、弁天堂内には木造弁財天が安置されている。弁天堂にある弁財天は、正月の時期しかご開帳していないので、注意が必要。

境内を出て右手の三福堂に恵比寿神が祀られている

2 恵比寿神 瀧泉寺《りゅうせんじ》

●東京都目黒区下目黒3-20-26

目黒不動で知られ、お不動様と親しまれている瀧泉寺。天台宗三代目座主、慈覚大師《じかくだいし》が9世紀に創建したと伝えられている。さつまいもの普及に努めた青木昆陽《こんよう》の墓や、創建当時から湧水が枯れることのない独鈷《どっこ》の滝など、境内に見どころも多い。千葉の成田不動尊、熊本の木原不動尊と並び、日本の三大不動のひとつに挙げられる。

3 大黒天 大円寺《だいえんじ》

●東京都目黒区下目黒1-8-5

江戸初期、湯殿山の行人が建てた大日如来像に由来と伝えられている。江戸城裏鬼門守護のため祀られているのが大黒天。江戸三大黒のひとつ。江戸中期の明和9（1772）年に起こった大火は、大円寺が火元で「行人坂の大火」と呼ばれる。この大火で犠牲になった人々の供養のため、境内の左手には石造の五百羅漢が作られたという。

伝教大師作の大黒天を祀る本堂。左手に釈迦堂がある

コースと所要時間

- スタート 目黒駅 ●JR山手線、東京メトロ南北線、東急目黒線
- 1.0km — 17分
- 1 蟠龍寺（岩屋弁財天）
- 0.6km — 10分
- 2 瀧泉寺（恵比寿神）
- 1.1km — 18分
- 3 大円寺（大黒天）
- 0.7km — 12分
- 4 妙圓寺（福禄寿）
- 5 妙圓寺（寿老人）
- 0.5km — 8分
- 6 瑞聖寺（布袋尊）
- 0.5km — 8分
- 7 覚林寺（毘沙門天）
- 0.4km — 7分
- ゴール 白金高輪駅 ●東京メトロ南北線、都営地下鉄三田線

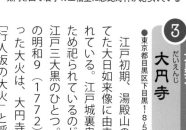

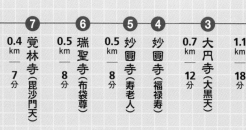

4 福禄寿 妙圓寺《みょうえんじ》

●東京都港区白金台3-17-5

元祖山手七福神の4番目と5番目となる妙圓寺は、江戸時代初期の元和年間（1615〜1624）の開創である。福禄寿尊と寿老人尊の二体の小像は、妙見堂の妙見《みょうけん》大菩薩像の左右に安置されている。妙見大菩薩像は、足利尊氏公の持仏とされ、霊験あらたかなことから「開運の妙見さま」と呼ばれて、地域の人々に親しまれてきた。

自然教育園向かいに目印がある。坂を降りると妙圓寺

5 寿老人 妙圓寺《みょうえんじ》

●東京都港区白金台3-17-5

目黒通りから参道の坂道を下りていくと右手に妙見堂、その奥に稲荷大明神、そして日蓮宗の本尊を祀る妙圓寺の本堂がある。妙見堂に安置する寿老人尊と福禄寿尊は、息災延命、長寿と福運の神様。江戸時代終わり頃に出版された「江戸名所図絵」は、妙圓寺を由緒ある名刹として木版2頁の挿絵入りで紹介している。

七福神

参道を下りて右手の妙見堂で御朱印などをいただくことができる

元祖山手七福神コースマップ

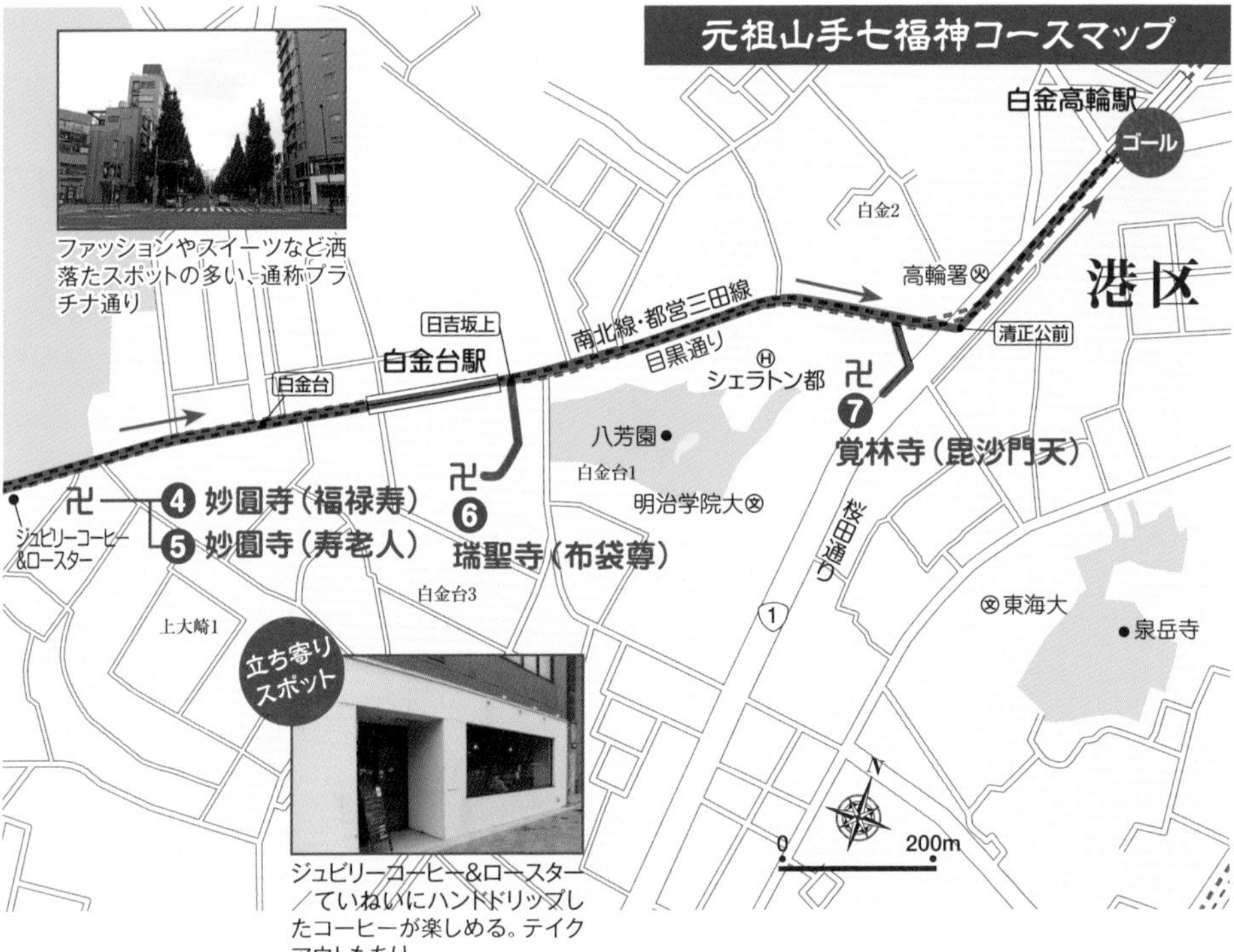
白金高輪駅
ゴール
白金2
高輪署
港区
清正公前
南北線・都営三田線
目黒通り
日吉坂上
白金台駅
白金台
シェラトン都
7 覚林寺（毘沙門天）
八芳園
白金台1
明治学院大
桜田通り
4 妙圓寺（福禄寿）
5 妙圓寺（寿老人）
6 瑞聖寺（布袋尊）
ジュビリーコーヒー&ロースター
白金台3
上大崎1
東海大
泉岳寺
1
0
200m
立ち寄りスポット

ファッションやスイーツなど洒落たスポットの多い、通称プラチナ通り

ジュビリーコーヒー&ロースター／ていねいにハンドドリップしたコーヒーが楽しめる。テイクアウトもあり
●港区白金台3-18-10

境内は広く、宝殿のほかに梵鐘と立派な鐘楼も見える

6 布袋尊 瑞聖寺《ずいしょうじ》

●東京都港区白金台3-2-19

寛文11（1671）年に完成した江戸で初めての黄檗宗《おうばくしゅう》の寺院。本殿にあたる大雄宝殿《だいおうほうでん》は、宝暦7（1747）年に再建と推定されている。入母屋造に本格瓦屋根の雄大な黄檗建設の仏殿は、江戸時代から残る仏教建築としては貴重な存在であり、国の重要文化財にも指定されている。布袋像は、宝殿の右側の仏壇に祀られている。

7 毘沙門天 覚林寺《かくりんじ》

●東京都港区白金台1-1-47

寛永8（1631）年に日延《にちえん》上人《しょうにん》が開山した日蓮宗の寺院。加藤清正公ゆかりの古刹で、江戸時代から「白金の清正公さま」という愛称で親しまれている。境内には清正公を祀り、武運の強かった清正公にあやかり、勝負運のご利益があると信仰。「人生のさまざまな苦悩に打ち勝つ」と多くの人が訪れ、武神である毘沙門天もお参りしていく。

正面は清正公堂。毘沙門天は山門左手のお堂に安置

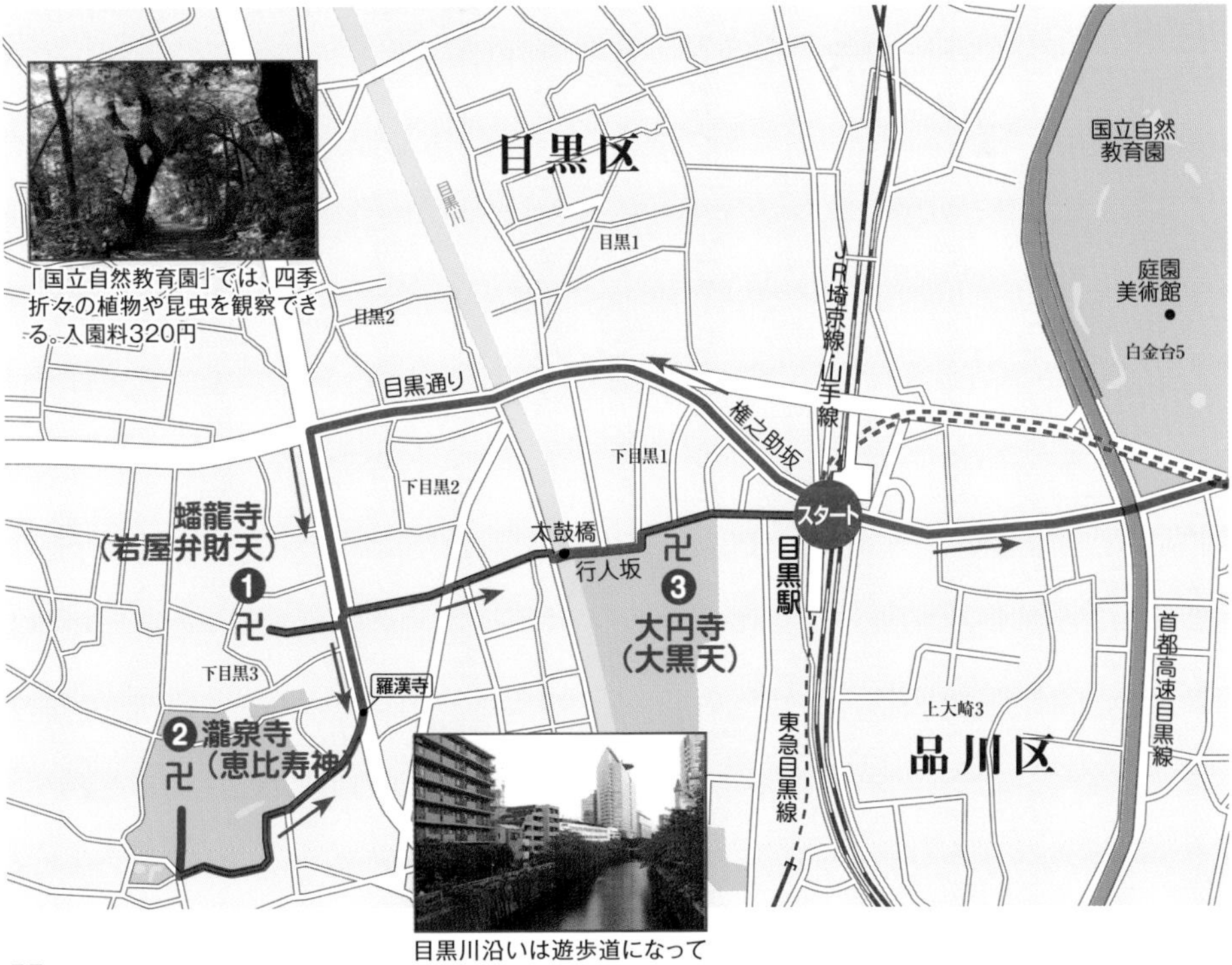

「国立自然教育園」では、四季折々の植物や昆虫を観察できる。入園料320円

目黒川沿いは遊歩道になっていて、散策にもぴったり

COURSE 13

荏原七福神

●えばらしちふくじん

武蔵国・荏原郡の歴史をたどる約7キロの行程

キャラクターの七福神が好評

JR京浜東北線、または東急大井町線の大井町駅からスタートし、東急目黒線の西小山駅へ抜ける約7キロの行程を歩く荏原七福神。武蔵国・荏原郡の古い歴史を今に伝える品川区内7カ所の寺社をめぐる。このコースでは、伊藤博文の墓所や、活気あふれる庶民的な荏原町商店街などを散策して楽しむことができる。

また、趣向を凝らしたアニメのキャラクター七福神をめぐる「もう一つの荏原七福神めぐり」も好評だ。

ご利益七福神グッズ

7寺社で押印すれば満願の絵馬を無料進呈

記念色紙には金色紙（2000円）と白色紙（1500円）がある。7寺社をすべて押印（スタンプは無料）した所定の色紙1枚につき、満願の絵馬が1体無料で進呈される。最後に押された寺社で受け取ることが可能。大井蔵王権現神社の福禄寿御守は600円。

歩行時間……約2時間　歩行距離……約7.0km

DATA

[エリア] 東京都品川区
[ご開帳&御朱印受付]
1月1日～7日　10:00～16:00
[問い合わせ]
荏原七福神会　☎03-3781-4011

こぢんまりとした社殿だが、参拝者が絶えない

① 福禄寿

大井蔵王権現神社《おおいざおうごんげんじんじゃ》

●東京都品川区大井1-14-8

大井町駅から徒歩で約9分、立会通りに面したところに立地。福禄寿が祀られたこの神社から荏原七福神はスタートする。江戸時代に火事や疫病が流行ったとき、大井村に住む権現神社の天狗のおかげでこの地域は事無きを得、信仰を集めたという。祭礼の際に太鼓を叩いたのが「大井権現太鼓《おおいごんげんだいこ》」の発祥。ふだん神職は不在にしている。

② 毘沙門天

東光寺《とうこうじ》

●東京都品川区二葉1-14-16

開山は天文13（1544）年、什仙上人《じゅうせんしょうにん》により創建されたと伝えられる。ご本尊には阿弥陀如来が安置され、左仏に脇仏として、開運厄除けと財宝をもたらすとされる毘沙門天が祀られている。「トイレの神様」としても有名。参道の中ほどに「下の病気」にならぬよう東司《とうす》（トイレ）の守護である烏瑟沙摩《うすさま》大明王が祀られている。

石柱でできた門を入ると右手がトイレの神様

③ 布袋尊

養玉院如来寺《ようぎょくいんにょらいじ》

●東京都品川区西大井5-22-25

木喰但唱《もくじきたんしょう》が寛永年間（1624～1644）に、高輪の地に建立。明治41（1908）年に現在地に移転した。上野寛永寺の塔頭三妙院が前身で、開山として天海を迎えているが、寺を創立したのは天海の弟子賢海。古くは「高輪の大仏」として親しまれ、今は「大井の大仏」と呼ばれる本堂の五智如来の前に、木彫の布袋尊が安置されている。

静寂感が漂い風格ある如来寺。上は木彫の布袋尊像

コースと所要時間

スタート 大井町駅
●JR京浜東北線、東急大井町線／東京臨海高速鉄道りんかい線

0.5km ｜ 9分

① 大井蔵王権現神社（福禄寿）

0.7km ｜ 12分

② 東光寺（毘沙門天）

1.6km ｜ 27分

③ 養玉院如来寺（布袋尊）

0.9km ｜ 15分

④ 上神明天祖神社（弁財天）

0.8km ｜ 14分

⑤ 法蓮寺（恵比寿）

1.7km ｜ 29分

⑥ 摩耶寺（寿老人）

0.3km ｜ 5分

⑦ 小山八幡神社（大黒天）

0.5km ｜ 9分

ゴール 西小山駅
●東急目黒線

4 弁財天
上神明天祖神社《かみしんめいてんそじんじゃ》

●東京都品川区二葉4-4-12

鎌倉末期に創建された古社。元亨2（1322）年の大干ばつのときに、巌正寺《ごんじょうじ》の当主、法《ほう》圓《えん》上人の甥の第二世法密《ほうみつ》上人が龍神社に雨乞いの断食祈願をし、大雨を降らせ危機から村人を救った。これより神社を勧請したのが天祖神社の縁起。本殿右に七福神の祠があり、この弁天社には白蛇が夢枕に出てきて吉兆をもたらすとの伝説がある。

蛇窪大明神
蛇窪大明神
白蛇祈願受付所

願い事を叶える「白蛇」を祈願に多くの人が参拝に訪れる

5 恵比寿
法蓮寺《ほうれんじ》

●東京都品川区旗の台3-6-18

東急大井町線の荏原町駅のすぐ前にある法蓮寺。開山は鎌倉時代中期、日本が蒙古襲来の脅威にさらされていた文永年間（1265〜1275）とされる。源氏の末裔、荏原徳次郎（朗慶上人）が開祖。徳川十一代将軍家斉《いえなり》公が、鷹狩りのときに立ち寄り、三十九世住職日詮《にっせん》上人と角力（相撲）をとったと伝えられる。

駅前にそびえる荘厳な本堂。恵比寿堂は境内の左手にある

荏原七福神コースマップ
大井町駅
スタート
大井町駅
鮫洲駅
下神明駅
戸越公園駅
東光寺（毘沙門天）②
大井1
①大井蔵王権現神社（福禄寿）
双葉1
JR東海道新幹線
JR横須賀線
三間通り
立会通り
光学通り
池上通り
JR京浜東北線
JR東海道本線
15
第一京浜
西大井駅
●西大井広場公園
立会川駅
上神明天祖神社（弁財天）④
双葉4
伊藤博文公墓所●
養玉院如来寺（布袋尊）③
伊藤小
富士見台中
西大井5
品川区
立ち寄りスポット

明治維新の元勲「伊藤博文公墓所」。広大だが伊藤家私有地
●品川区西大井6-10-18

JR西大井駅の東側に広がる緑豊かな「西大井広場公園」

6 寿老人
摩耶寺《まやじ》

●東京都品川区荏原7-6-9

中原街道を横断した荏原の住宅街にある摩耶寺。摩耶寺の山号は仏母山。寛文7（1667）年に開山されたこの寺は、山号が示すよう釈迦の母である摩耶夫人が祀られている。延宝6（1678）年制作の木造摩耶夫人立像は、品川区指定有数文化財。老朽化が進んだ伽藍《がらん》は、昭和53（1978）年に現在の本堂に改築された。

本堂はモダンな印象。真っ青な壁がめずらしい

7 大黒天
小山八幡神社《こやまはちまんじんじゃ》

●東京都品川区荏原7-5-14

摩耶寺を出てすぐに左折した高台にある小山八幡神社。創立は不詳だが、社伝には鎌倉幕府の頃と伝えられる。小山の名の通り、区内随一を誇る35mの高台にあり遠望良好。「しながわ百景」にも選ばれた。境内から眺める絶景には七福神めぐりを終えた達成感を覚える。品川区の天然記念物に指定されている2本のシイノキも要チェック。

本殿は美しい木造建築。大黒天は甲子（きのえね）神社に安置されている

「立会川緑道」は区民の憩いの場。プチ森林浴を楽しめる

活気あふれる「荏原町商店街」。約200もの加盟店が営業

東京都
大田区

COURSE 14

池上七福神

●いけがみしちふくじん

池上本門寺周辺を歩く1時間半ほどのショートコース

寺社は駅10分圏内 初心者にもうってつけ

日蓮聖人七百遠忌を記念して、昭和56（1981）年に池上観光協会の発案により始まった七福神。池上本門寺周辺と緑豊かな住宅街をめぐる。東急池上線「池上駅」からほぼ徒歩10分圏内にすべての寺社が点在するので、初心者にもうってつけ。途中、昔ながらの町屋造りの商店や門前町の風情が味わえるのも魅力のひとつだ。また地元客でにぎわう本門寺通り商店街は、そば屋、くず餅屋などがあり、休憩にもちょうどいい。

ご利益七福神グッズ

各寺院に七福神色紙を用意。御朱印は無料でいただける

池上七福神の御朱印を押す専用の色紙は、全寺院で用意（500円）。各七福神の御朱印は無料でいただける。御朱印帳への御朱印は300円～。また曹禅寺には、七福神が描かれているキーホルダー（500円）などもある。

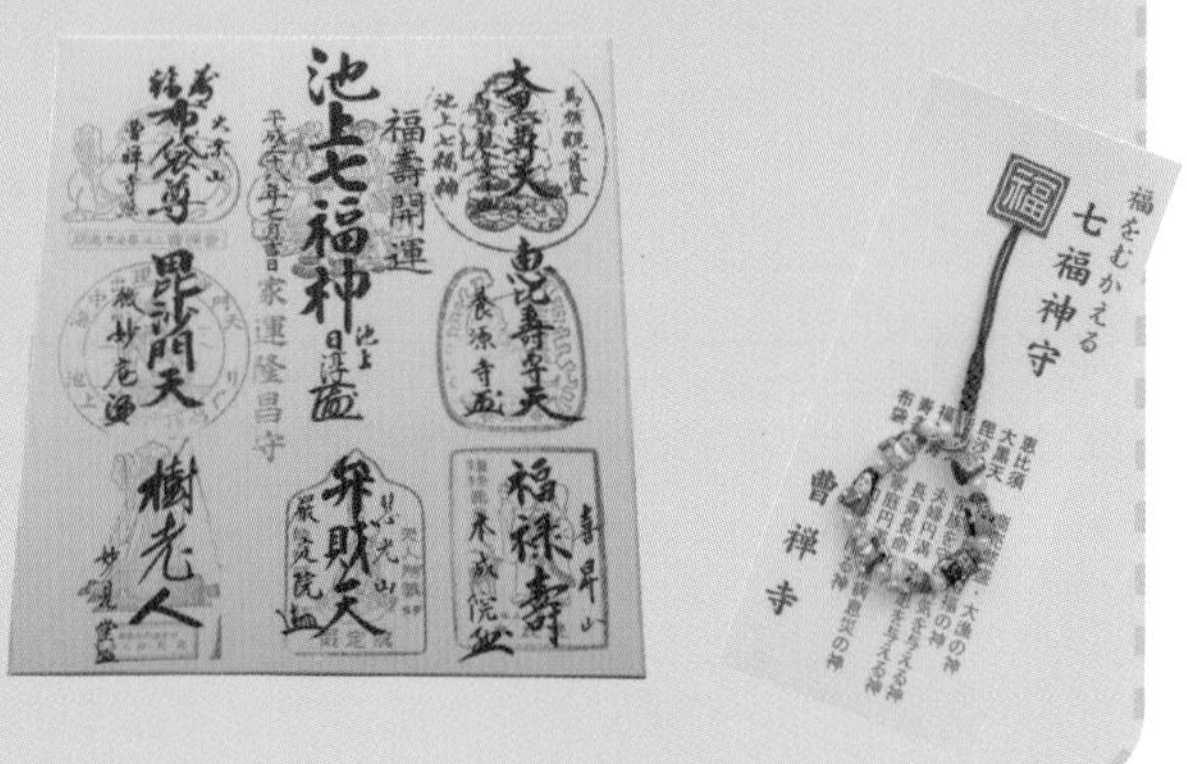

歩行時間……約1時間16分　歩行距離……約4.5km

DATA

［エリア］東京都大田区
［ご開帳＆御朱印受付］
通年　9:00～16:00
［問い合わせ］
養源寺　☎03-3751-0251

① 布袋尊 曹禅寺《そうぜんじ》

●東京都大田区池上7-22-10

昭和7（1932）年、矢口町に教会を開設、牛込白銀町にあった盛高院の寺号を継いで昭和14（1939）年に創建した。曹洞宗の寺で、京都三条大橋に建てられた欄干橋柱を安置している。これは昭和9（1934）年の室戸台風によって橋が決壊した際、残った一本。布袋尊は本堂の左の社に祀られている。

境内にはペットの墓もあり、ペット供養も行う

② 毘沙門天 微妙庵《みみょうあん》

●東京都大田区池上3-38-23

創建年代は不詳だが、本門寺塔頭《たっちゅう》覚源寺の一堂宇《どうう》として建立したと伝えられる。当寺の本尊毘沙門天は、村民により品川沖で拾い上げられ、堂を構えたものと「新編武蔵風土記稿」に記されている。境内にはイボとり観音の馬頭観音堂も。毎年11月1日に、まといを掲げて歩く御会式が行われる。正月期間は世話人がいるが、ふだんは無人。

山門を入り正面にある毘沙門堂に毘沙門天を安置

③ 大黒天 馬頭観音堂《ばとうかんのんどう》

●東京都大田区池上3-20-7

慶応3（1867）年に官軍による江戸征討の際、密偵として捕らえられ惨殺された渡辺建造の墓のあった場所に、昭和36（1961）年に観音堂を建立。狭い入口の階段を上がった先は木々に覆われ歴史を感じるたたずまい。観音堂内に大黒天を祀る。馬頭観音は動物の神様。そのせいか、境内にはいつも数匹の猫がくつろいでいる。

大黒天を祀っている観音堂は正六角形のデザイン

コースと所要時間

スタート 池上駅 ●東急池上線

0.6km 10分

① 曹禅寺（布袋尊）

0.8km 13分

② 微妙庵（毘沙門天）

0.3km 5分

③ 馬頭観音堂（大黒天）

1.2km 20分

④ 厳定院（弁財天）

0.4km 7分

⑤ 本成院（福禄寿）

0.3km 5分

⑥ 妙見堂（寿老人）

0.2km 4分

⑦ 養源寺（恵比寿）

0.7km 12分

ゴール 池上駅 ●東急池上線

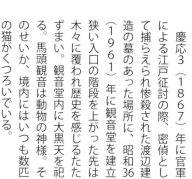

木像の弁財天が、小さな石祠の中に祀られている

④ 弁財天 厳定院《ごんじょういん》

●東京都大田区池上2-10-12

正応2（1289）年に池上本門寺二世日朗聖人《にちろうしょうにん》の直弟子、厳定院日朗聖人が開創した。厳定院は日蓮宗の寺院で、慧光山《えこうざん》と号し、池上本門寺の子院。大正9（1920）年には、別院として池上鬼子母神堂を建立している。弁財天の木像を、本堂右手の小さな石祠の中に祀っていて、いつでもその姿形を拝むことができる。

⑤ 福禄寿 本成院《ほんじょういん》

●東京都大田区池上1-35-3

弘安5（1282）年、上の北谷の地に、日蓮聖人の直弟子日向聖人《にっこうしょうにん》の庵室として開創。その後、東谷にあった本成坊が廃寺となり、これと合併し再興された。享保年間（1716〜1736）に現在地に移り再建、本成院と称するようになった。周辺は池上本門寺を中心に小さな寺が集まり門前町の雰囲気が漂う。

池上本門寺の参道に面して建っている本成院

妙見坂の階段は111段。緑豊かな丘陵の一角にある

⑥ 寿老人 妙見堂《みょうけんどう》

●東京都大田区池上1-31-11

日蓮聖人が鎌倉時代の弘安5（1282）年に入滅された霊跡。本堂には妙見大菩薩を奉安している。慶応2（1866）年の再建で、明治時代に増築工事が行われた。小さなお堂だが銅板の屋根とケヤキの柱のバランスが出色と称えられる。本堂左手の祠に寿老人を安置。お堂近くの妙見坂では梅雨の時期、美しい紫陽花が咲き誇る。

⑦ 恵比寿 養源寺《ようげんじ》

●東京都大田区池上1-13-1

八代将軍・徳川吉宗が鷹狩りの際に膳所として使用したという歴史ある寺。池上本門寺十八世日輝聖人を迎えて、慶安元（1648）年に開山。昭和20（1945）年までは尼僧寺だった。庭園が美しく、寺の周りにはたくさんの花が咲き四季を通じて訪れる人を楽しませる。養源寺からスタートする方のために色紙を用意している。

本門寺歴代住職の隠居所を務める養源寺

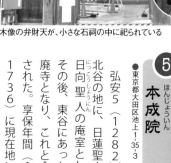

池上七福神コースマップ

N
0
200m
池上梅園
松涛園
力道山の墓
厳定院
❹（弁財天）
大坊前
車坂
本門寺
本門寺「五重塔」は
慶長13（1608）年
建立で関東最古の塔
五重塔
池上1
妙見堂
（寿老人）
❻
養源寺
（恵比寿）
❼
此経難持坂
❺本成院
（福禄寿）
霊山橋
呑川
池上3
池上本門寺総門の
「此経難持坂（しきょうなんじざか）」は
96段の石段
馬頭観音堂❸
（大黒天）
池上文化センター前
本門寺前
池上池田屋
池上図書館
池上警察署
池上4
JOMO
大田区
第二京浜
❷微妙庵
（毘沙門天）
本門寺商店街通り
池上通り
池上駅
コミュニティー
みずほ
池上駅前通り商店街
千鳥1
ゴール
池上駅
スタート
メガネストアー
東急池上線
「池上梅園」には大田区の花
である梅が約370本ある
蓮沼中
池上6
立ち寄りスポット
徳持小
本門寺にある「力道山の墓」。
“空手チョップ”が武器
池上7
曹禅寺❶
（布袋尊）
「池上池田屋」名物のくず餅は2～3
人前が790円
●大田区池上4-24-1

東京都
大田区

COURSE 15

多摩川七福神《たまがわしちふくじん》

伝説に関連するさまざまな逸話や史跡を残すコース

心のよりどころとして平成26年よりスタート

矢口・下丸子地域に展開するコースで、平成26（2014）年に新設された。この地で暮らす人々や、この地を訪れる人々の「心のよりどころ」として、未来への希望を与えてくれる神様たちに出会えるというのがコンセプト。この地には正平3（1348）年、新田義興《にったよしおき》が多摩川の矢口渡《やぐちのわたし》で謀殺されたという伝説にまつわる逸話や史跡が残っている。福運祈願を行いながら、歴史や先人に思いを馳せながら歩いてみよう。

ご利益七福神グッズ

各神社仏閣をめぐり、新田神社ですべての御朱印がいただける

スタートの新田神社で「多摩川七福神パワースポットめぐり」の御朱印色紙セット（1000円）を購入。各寺社をめぐり、それぞれの各寺社で御朱印（スタンプ）を押す（1月1日～3日）。1月4日～7日は、新田神社にゴールしたら、全部の御朱印がいただける自己申告制となっている。

歩行時間……約52分　歩行距離……約4.0km

DATA

［エリア］東京都大田区
［ご開帳＆御朱印受付］
1月1日～7日　10:00～17:00
（受付場所：新田神社）
［問い合わせ］
多摩川七福神実行委員会事務局
☎ 03-3759-0717

破魔矢の発祥地。「強運の神」として信仰を集める

① 恵比須 新田神社《にったじんじゃ》

●東京都大田区矢口1-21-23

矢口渡で非業の死を遂げた南北朝の武将である新田義興を祀る。ご神木のケヤキは樹齢700年。雷や戦火で真っ二つに割けたにもかかわらず、いまだ葉が生い茂り、パワースポットとして多くの人が訪れる。日本を代表するアートディレクター浅葉克己氏より「LOVE神社」オブジェが奉納され、恋愛成就のご利益があるとしても人気だ。

住宅地の一角に頓兵衛地蔵の祀られたお堂がある

② 布袋尊 頓兵衛地蔵《とんべえじぞう》

●東京都大田区下丸子1-1-19

正平13（1358）年、新田義興の謀殺に加担した船頭の頓兵衛が、その罪を悔い一体の地蔵を作った。その「頓兵衛地蔵」を祀るお堂が頓兵衛地蔵尊堂だ。この話は浄瑠璃「神霊矢口渡（平賀源内作）」に登場。また、義興の恨みで地蔵の顔は溶けてしまい別名「とろけ地蔵」ともいわれる。実は崩れやすい砂岩でできているためボロボロになった。

③ 福禄寿 矢口中稲荷神社《やぐちなかいなりじんじゃ》

●東京都大田区矢口1-5

今から約200年前の大凶作の折、百姓であった金子作衛門が京都伏見の国から正一稲荷大明神のご神体を矢口村田町に遷座した。村をあげて念じたところ、例年にない大豊作になったという。昭和10（1935）年、耕地整理のため、今の場所に移築された。福禄寿のスタンプを押せる台紙が用意されている（100円）。

武蔵新田駅ホームに沿って鎮座している小さな神社

コースと所要時間

- スタート 武蔵新田駅 ●東急多摩川線
- 0.2km―3分
- ① 新田神社（恵比須）
- 0.6km―8分
- ② 頓兵衛地蔵（布袋尊）
- 0.4km―5分
- ③ 矢口中稲荷神社（福禄寿）
- 0.6km―7分
- ④ 氷川神社（大黒天）
- 0.5km―6分
- ⑤ 延命寺（寿老人）
- 0.6km―8分
- ⑥ 東八幡神社（弁財天）
- 0.6km―8分
- ⑦ 十寄神社（毘沙門天）
- 0.3km―4分
- ① 新田神社（恵比須）
- 0.2km―3分
- ゴール 武蔵新田駅 ●東急多摩川線

4 大黒天 氷川神社《ひかわじんじゃ》

●東京都大田区矢口1-27-7

新田神社からほど近いところに鎮座する大田区唯一の氷川神社。この地区の氏神で、ご祭神は、嵐や疫病を司り、こうした災いから人々を守るとされる素《すさ》戔嗚尊《のおのみこと》。拝殿前には一対の狛犬、すぐ横には柵に囲まれた「三社稲荷」が並ぶ。隔年8月に行われる例大祭には、大勢の人々で埋め尽くされる。大黒天は本殿に祀られている。

空襲で社殿など一切を焼失したため創建、由緒は不明

5 寿老人 延命寺《えんめいじ》

●東京都大田区矢口1-26-17

蓮花寺として創建したが正平13（1358）年、「太平記」に記されている新田義興の霊が雷花となったといわれる火災で焼失。その際、聖徳太子が国家安穏衆人救護のために彫った地蔵尊像だけは難を逃れた。以来「火雷除子安地蔵尊《からいよけこやすじぞうそん》（延命地蔵）」と名がつき「延命寺」として再建。縁起のいい名前からパワースポットとして親しまれる。

現在の本堂は昭和33（1958）年に再建したもの

6 弁財天 東八幡神社《ひがしはちまんじんじゃ》

●東京都大田区矢口3-17-3

江戸時代には「湯坂八万」と呼ばれていたが、近くの西八幡が合祀し、明治44（1911）年に「東八幡神社」となった。祭神は応神天皇。源氏の氏神、また武士の守り神として参拝された。鳥居の横に「矢口渡」の石碑があり、昔の多摩川の情景がしのばれる。神社は多摩川の堤防沿いにあり近くにそびえる赤白の鉄塔が目印。

多摩川の堤防沿いに鎮座。朱色の拝殿が印象的だ

7 毘沙門天 十寄神社《とよせじんじゃ》

●東京都大田区矢口2-17-28

矢口渡で謀殺された新田義興の、十人の従者を祀っている。そのため十騎明神といわれ、「じき」とも「じゅっき」とも称されていたが、いつからか十寄と書いて「とよせ」の呼称が用いられるようになった。江戸時代、まず十寄神社へ参拝したのちに新田神社で願掛けを行うと願いごとが叶うとされ、大変栄えたという。

現在の社殿は昭和55（1980）年造営の神明造り

多摩川七福神コースマップ

N
0
200m
❷頓兵衛地蔵(布袋尊)
欅並木
環八通り
島忠
千鳥局
池上8
千鳥2
スタート
発展門
ゴール
❸矢口中稲荷神社(福禄寿)
武蔵新田駅
矢口1
マルエツ
日体荏原高校
東矢口2
新田神社(恵比須)❶
矢口せせらぎ公園
矢口特別支援学校
❹氷川神社(大黒天)
東急多摩川線
矢口南
十寄神社(毘沙門天)❼
矢口2
矢口小
❺延命寺(寿老人)
大田区
第二京浜
1
大田矢口三局
矢口3
多摩川小
多摩川
多摩川大橋緑地
東八幡神社(弁財天)❻
矢口の渡し碑
多摩川大橋

見事な「欅並木」。地元町会の人たちが手で植えた

武蔵新田「発展門」では七福神めぐりが案内されている

「矢口の渡し」は多摩川大橋の完成とともに昭和24年廃止

東京都
文京区

COURSE 16

小石川七福神《こいしかわしちふくじん》

東京ドームからいくつかの名坂を越えるフレッシュ七福神

にぎわう遊園地から8つの福の神をめぐる

平成7（1995）年生まれのフレッシュな小石川七福神は、東京ドームのエリア内からスタート。決して歴史的に浅い福の神ではなく、この界隈で親しまれていた七福神の場所を移したり、新たに男弁天を加えたりして8カ所をめぐるコースが設定された。庶民的な「こんにゃくえんま」にお参りしたかと思えば、マンションの庭園の祠もめぐる。石畳の善光寺坂や、遊歩道がきれいな播磨坂《はりまざか》など、名坂もたどれる楽しいコースだ。

1 福禄寿 東京ドーム《とうきょうどーむ》

●東京都文京区小石川1-3-61

アトラクションズエリアの木漏れ日の中で福禄寿に出会える。東京ドーム隣の小石川後楽園は、元水戸徳川家上屋敷で福禄寿が祀られていた縁から、地続きのこの場所に福禄寿が再祀された。

御朱印とスタンプは、東京ドーム前の総合案内所で

ご利益七福神グッズ

スタンプを集め八福神が完成

お正月期間、各寺院やポイントで色紙（1000円）に御朱印（各100円）を受けられる。また、通年にわたり各所に「文の京 小石川七福神」のスタンプシートが置いてある。1枚いただき（寸志100円ほど）、8つの無料スタンプを集めよう。

歩行時間……約1時間5分　歩行距離……約4.0km

DATA

[エリア] 東京都文京区
[ご開帳&御朱印受付]
1月1日～7日　9:00～17:00
[問い合わせ]
真珠院（小石川七福神会 事務局）☎03-3811-6109

境内右手の毘沙門堂に、風格のある毘沙門天木像がある

2 毘沙門天 源覚寺《げんかくじ》

●東京都文京区小石川2-23-14

源覚寺は、「こんにゃくえんま」として、樋口一葉を始め多くの文学作品に登場している。寛永元（1624）年創建。閻魔《えんま》堂に安置されている閻魔王坐像は〝一眼のえんま〟として知られ、こんにゃくを供えて眼病平癒を祈願。塩地蔵にも歯痛平癒をお願いし、毘沙門堂の毘沙門天に厄除け祈願を。ここはまさに庶民の生活に密着した愛され寺だ。

幼稚園に面した本堂。園庭にも大黒様が立っている

3 大黒天 福聚院《ふくじゅいん》

●東京都文京区小石川3-2-23

善光寺坂を上った右手にある、徳川家康公の生母が眠る伝通院。その末院として、安永3（1774）年に創建されたのがこの寺院。本堂に祀られている大黒天像は、「江戸七福神」のひとつに数えられた歴史あるもの。福々しいというより勇ましく、古来の大黒天の原型をとどめているという。大黒天は、正月期間のみご開帳される。

4 布袋尊 真珠院《しんじゅいん》

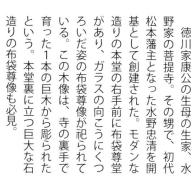

●東京都文京区小石川3-7-4

徳川家康公の生母の生家、水野家の菩提寺。その甥で、初代松本藩主となった水野忠清を開基として創建された。モダンな造りの本堂の右手前に布袋尊堂があり、ガラスの向こうにくつろいだ姿の布袋尊像が祀られている。この木像は、寺の裏手で育った1本の巨木から彫られたという。本堂裏手に立つ巨大な石造りの布袋尊像も必見。

本堂裏手の墓地に、約2mの布袋尊石像が立つ

コースと所要時間

スタート 水道橋駅
●JR総武線・中央線、都営地下鉄三田線

0.4km ― 7分

1 東京ドーム（福禄寿）

0.7km ― 12分

2 源覚寺（毘沙門天）

0.6km ― 10分

3 福聚院（大黒天）

0.3km ― 5分

4 真珠院（布袋尊）

0.6km ― 10分

5 極楽水（弁財天／女弁天）

0.1km ― 1分

6 宗慶寺（寿老人）

0.6km ― 10分

7 徳雲寺（弁財天／男弁天）

0.4km ― 5分

8 深光寺（恵比寿）

0.3km ― 5分

ゴール 茗荷谷駅
●東京メトロ丸ノ内線

ご開帳は正月期間のみ。御朱印やスタンプは宗慶寺で

5 弁財天／女弁天 極楽水《ごくらくすい》

●東京都文京区小石川4-16-13

吹上坂《ふきあげざか》を下る途中、左手のマンションの脇に「極楽水」の案内板がある。〝伝通院を開山した聖冏《しょうげい》上人が草庵を結びし時、竜女が上人が示した恩に報いるため、ここに名水を湧かせた〟という伝説が残る。小石川パークタワーの庭園へ小道をたどると、小さな祠がある。中には白蛇像の美しい女弁天が祀られている。

6 寿老人 宗慶寺《そうけいじ》

●東京都文京区小石川4-15-17

極楽水と呼ばれるようになった吉水のあたりに、室町時代に聖冏《しょうげい》上人によって結ばれた草庵は「伝法院」と称した。家康の生母が葬られて一時「伝通院」となるが、伝通院が現在の場所へ移った後は、家康の側室の茶《ちゃ》阿局《あのつぼね》の墓所となり「宗慶寺」となる。古くから学問と関わりがあるお寺で、思慮深い寿老人が祀られることになった。

本堂前のガラスケース内にいる鮮やかな衣の寿老人

本堂正面に小さな弁天堂があり、正月期間にご開帳される

7 弁財天／男弁天 徳雲寺《とくうんじ》

●東京都文京区小日向4-4-1

女弁天の極楽水に続き、男弁天が祀られた徳雲寺へ。播磨坂《はりまざか》を上って春日通りを渡り、右へ少し行くとこのお寺がある。寛永7（1630）年に解脱寺として開山し、後に徳雲寺に改称した。弁天堂にはめずらしい男弁天を祀る。鎌倉円覚寺《えんがくじ》の大鐘弁財天と同様の姿で、とぐろを巻いた蛇の頭が人間（男）になっている「人頭蛇身」のお姿だ。

8 恵比寿 深光寺《じんこうじ》

●東京都文京区小日向4-9-5

春日通りから藤坂を下り、丸ノ内線のガードをくぐったっ先が深光寺。寺伝は、家康から家光まで三代仕えた森源七郎が、寛永年間（1624〜1645）に創建とある。「南総里見八犬伝」の作者、滝沢馬琴《ばきん》の菩提寺でもある。古くから恵比寿様の絵図の掛け軸があったことから七福神のひとつに。石像は平成6（1994）年に開眼法要された。

本堂脇で堂々とした恵比寿様の石像が迎えてくれる

小石川七福神コースマップ
徳川家康の生母が眠る伝通院。
7月には朝顔市が開かれる
広い伝通院の境内にあったという善光寺坂のムクノキ
立ち寄りスポット
三原堂
茗荷谷の和菓子屋「三原堂」。銘菓「播磨坂」（160円）は、つぶあん、チェリーあんどちらも上品な味
●文京区小石川5-3-7
文京区役所25階の展望室は無料の絶景ビューポイント
1 東京ドーム（福禄寿）
2 源覚寺（毘沙門天）
3 福聚院（大黒天）
4 真珠院（布袋尊）
5 極楽水（弁財天/女弁天）
6 宗慶寺（寿老人）
7 徳雲寺（弁財天/男弁天）
8 深光寺（恵比寿）
スタート
ゴール
文京区
新宿区
千代田区
小石川植物園
白山3
白山2
東洋大
植物園前
竹早公園
播磨坂桜並木
三原堂
播磨坂
共同印刷
小石川パークタワー
吹上坂
エーザイ
小石川5
小石川4
小石川3
小石川2
小石川1
藤坂
ガード下くぐる
拓殖大
小石川局
茗荷谷駅
白山駅
都営三田線
千川通り
白山通り
南北線
淑徳学園高・中
伝通院
善光寺
善光寺坂
こんにゃくえんま前
伝通院前
春日2
春日通り
丸ノ内線
富坂下
春日駅
中大理工学部
春日1
礫川公園
文京シビックセンター
文京区役所
駅前
後楽園駅
ラクーア
後楽1
東京ドーム
小石川後楽園
東京ドームシティ総合案内所
後楽園ホール
アトラクションズエリア
ウインズ
東京ドームホテル
水道橋駅
水道橋
外堀通り
JR総武線
JR中央線
飯田橋駅
飯田橋
首都高速池袋線
有楽町線
都営大江戸線
南北線
0
300m
N

東京都
豊島区・文京区

COURSE 17

日本ユネスコ「未来遺産」に選ばれた歴史が薫る新コース

雑司が谷七福神

●ぞうしがやしちふくじん

ケヤキ並木から出発し 文士が眠る霊園を抜けて

副都心池袋の近くとは思えないほど静かな雑司が谷。緑多き中に鬼子母神堂など歴史ある寺社があり、夏目漱石など文人が眠る雑司が谷霊園や、都電荒川線など情緒ある風景が残る。自然・文化を継承した街づくりで、平成26（2014）年に日本ユネスコ協会「未来遺産」に登録された。その雑司が谷から、文京区にまたがる七福神は、平成23（2011）年に制定された。ケヤキ並木の「雑司が谷案内処」を出発点にするのがおすすめ。

ご利益七福神グッズ

「おもてなしマップ」付きの御朱印色紙を購入してGO!

鬼子母神前駅からのびるケヤキ並木沿いの「雑司が谷案内処」と、大鳥神社、鬼子母神堂、清立院で、お正月期間に関わらず「雑司が谷七福神色紙」（500円）が買える（近隣のうまいもの処が載った「おもてなしマップ」付き）。各寺社のスタンプはもちろん無料だ。

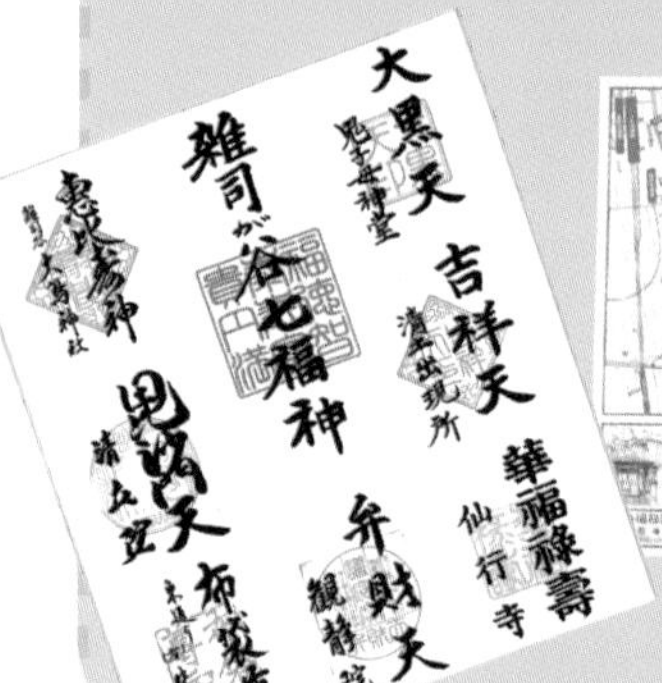

歩行時間 ……約1時間5分　歩行距離 ……約3.7km

DATA

［エリア］東京都豊島区、文京区
［ご開帳&御朱印受付］
通年（各寺社による）10:00～16:00
［問い合わせ］雑司が谷案内処 ☎03-6912-5026
10:30～16:30（木曜休、祝日の場合は開館）

恵比壽神

1 大鳥神社《おおとりじんじゃ》

●東京都豊島区雑司が谷3-20-14

創始は正徳２（１７１２）年。もとは鬼子母神堂の境内に鷲明神として祀られていたが、明治維新の神仏分離のためこの場所に移された。「おとりさま」と呼ばれ、雑司が谷一帯の氏神様として親しまれている。江戸時代から続く酉の市は、雑司が谷の風物詩。地誌によると、創始時に恵比壽神が合祀されていたことから七福神に加えられた。

本殿の賽銭箱は宝袋形。恵比壽神像も宝袋に乗っている

重厚な本殿。境内の大黒堂には真っ黒な大黒天像が安置

大黒天

2 鬼子母神堂《きしもじんどう》

●東京都豊島区雑司が谷3-15-20

江戸時代より安産・子育ての神様として愛されている鬼子母神堂。毎年10月16日～18日に行われる万灯を揺らして練り歩く「御会式」が有名だ。本殿は寛文４（１６６４）年造営で、拝殿・相の間・本殿からなるどっしりとした構え。堂前には樹齢７００年の「子授けイチョウ」がある。大黒堂に祀られる大黒天は、鬼子母神の夫神にあたる。

弁財天

3 観静院《かんせいいん》

●東京都豊島区南池袋3-5-7

春には桜のトンネルになる、鬼子母神堂から法妙寺へ続く参道。その途中にある静かなこの寺院は、元禄年間（１６８８～１７０４）の初期に創立。かつては一面の梅林だったという。秀吉の子飼いから肥後の大名へ躍進した、加藤清正が供奉したご神体がご尊像。山門を入った左手に、芸事上達祈願の神である弁財天を祀っている。

静かな境内の大石に、弁財天が彫りこまれている

コースと所要時間

スタート
鬼子母神前駅 ●都電荒川線
雑司が谷駅 ●東京メトロ副都心線

0.3km — 5分

1 大鳥神社（恵比壽神）

0.2km — 4分

2 鬼子母神堂（大黒天）

0.2km — 4分

3 観静院（弁財天）

0.4km — 7分

4 中野ビル（布袋尊）

0.2km — 4分

5 仙行寺（華の福禄壽）

1.0km — 17分

6 清立院（毘沙門天）

0.7km — 12分

7 清土鬼子母神（吉祥天）

0.7km — 12分

ゴール
護国寺駅 ●東京メトロ有楽町線

奉納
布袋尊
雑司が谷七
中野ビルの前に、親子の布袋尊像が仲よく並んでいる

4
布袋尊
中野ビル《なかのびる》
●東京都豊島区南池袋2-12-5

東通りの中野ビル前にある布袋尊像。大正6（1917）年に建立され、中野石材商店の店頭に祀られた。皇居の二重橋や国会議事堂などの石造建築を手掛けた中野家。その7代目は布袋尊を護持し、尊像は太平洋戦争の戦火を被ったが、8代目によって昭和62（1987）年にこの地に安置。池袋振興のシンボルとして地域に愛されている。

5
華の福禄寿
仙行寺《せんぎょうじ》
●東京都豊島区南池袋2-20-4

江戸時代初期の創立。明治41（1908）年に小石川にあった善行院と、隣接する仙応院が合併して「仙行寺」となった。その後、この地に移転。昭和20（1945）年に戦火で消失したが、石造浄行《じょうぎょう》菩薩像《ぼさつぞう》のみが残る。本堂右側のコンクリート造りのお堂のガラス小窓の中に、木彫りの「福禄寿尊像」が安置され、いつでもお参りができる。

雑司が谷七福神
風神・雷神の像の間に、可愛い〝華の福禄寿像〟がある

雑司が谷七福神コースマップ
有楽町線
護国寺
ゴール
音羽2
日大豊山高
護国寺駅
南池袋4
雑司が谷霊園
首都高速池袋線
目白台2
清土鬼子母神（吉祥天）
7
護国寺西
旧宣教師館
目白台3
6 清立院（毘沙門天）
雑司が谷1
東京音大付高
文京区
不忍通り
日本女子大
目白通り
目白台2
目白台運動公園
明治時代の洋館「雑司が谷旧宣教師館」に寄っていこう

ガタゴト走る都電。踏切や遮断機など懐かしさいっぱい

雑司が谷霊園にある夏目漱石の墓

⑥ 毘沙門天
清立院《せいりゅういん》

●東京都豊島区南池袋4-25-6

真言宗「清龍寺」として、約770年前に創建。後に、村を疫病から救った雲水《うんすい》が日蓮上人像をこの寺に残したことから、日蓮宗「清立院」と改められた。石段脇に「かさもり薬王菩薩安置」の石碑があり、皮膚病・雨乞い祈願寺として親しまれ、三度火災にあったがその度に再建。木彫りの毘沙門天像は、豊島区の指定文化財となっている。

七福神
申

毘沙門天像が二体。手前が迫力ある木彫りの像だ

⑦ 吉祥天
清土鬼子母神《せいどきしもじん》

●東京都文京区目白台2-14-9

雑司が谷七福神のうち、唯一文京区にある。「清土出現所」という名があり、雑司が谷の鬼子母神堂に祀られる鬼子母神像はこの地から出土。地元では親しみを込めて「清土鬼子母神」と呼ばれている。吉祥天は鬼子母神の娘神だ。仏教では毘沙門天の妃といわれ、福徳安楽を与える天女。境内には左手に如意宝珠を持った吉祥天像がある。

住宅街に佇む小さな本堂。吉祥天像はスラリ美しい

東武池袋駅
丸ノ内線
池袋駅
池袋駅
東池袋駅
豊島区役所
都電荒川線
副都心線
東池袋四丁目駅
南池袋2
⑤ 仙行寺（華の福禄壽）
中野ビル（布袋尊）④
南池袋2
都電雑司ヶ谷駅
東京芸術劇場
西武池袋駅
東通り
南池袋3
南池袋1
南池袋1
南池袋小
西武池袋線
埼京線・山手線
法明寺
大鳥神社 ①（恵比壽神）
観静院（弁財天）③
雑司が谷案内処
鬼子母神堂（大黒天）②
おせんだんご
雑司が谷3
ケヤキ並木
スタート
鬼子母神前駅
雑司が谷駅
0
200m
立ち寄りスポット

ケヤキ並木沿いの「雑司が谷案内処」で七福神色紙をGET

縁日には鬼子母神堂の「大黒堂」で、江戸時代から伝わる「おせんだんご」（お茶セット540円〜）が味わえる
●鬼子母神堂境内

東京都
新宿区

COURSE
18

新宿山ノ手七福神《しんじゅくやまのてしちふくじん》

にぎわう新宿歌舞伎町を抜け、花街の風情漂う神楽坂へ

繁華街×静かな寺社のミスマッチを楽しむ

喧噪渦巻く日本一の繁華街、新宿歌舞伎町。その界隈にも、静けさを漂わせた寺社が点在している。そこから新宿区を東へ東へと進むこのコースは、昭和中期に地域の人々が気軽にお参りする福の神めぐりとしてスタート。今では可愛い七福神グッズが人気を集めるコースに。各寺社は通年、御朱印の対応をしてくれる。途中、新宿イーストサイドスクエアに立ち寄ったり、小粋な街・神楽坂を散策できるなど楽しさは目白押し。

ご利益七福神グッズ

カラフルでキュート！宝船にミニご尊像が勢揃い

お正月期間に限らず、特製色紙（1000円）に各寺社で御朱印（各400円）の対応をしている。各寺社でミニご尊像（各500円）を集め、宝船（1000円）に乗せ開運招福。また、経王寺には七福神おみくじ（100円）もある。

歩行時間……約1時間45分　**歩行距離**……約6.0km

DATA

[エリア] 東京都新宿区
[ご開帳&御朱印受付]
通年（各寺社による） 9:00～17:00
[問い合わせ]
厳嶋神社（西向天神社 ☎03-3351-5875）

三日月不動が祀られたお堂に、一緒に布袋和尚がある

1 布袋和尚 太宗寺《たいそうじ》

●東京都新宿区新宿2-9-2

慶長元（1596）年、太宗という僧侶が建てた庵が前身。江戸時代より甲州街道の内藤新宿に位置し、庶民の信仰を集めた。境内の巨大な地蔵菩薩坐像は、江戸六地蔵の第3番。夏目漱石の小説「道草」に、幼き頃にこの地蔵によじ上ったという記述がある。一番古いお堂にいる布袋和尚《ほていわしょう》は、くつろいだ様子で思わず笑ってしまう。

2 恵比寿神 稲荷鬼王神社《いなりきおうじんじゃ》

●東京都新宿区歌舞伎町2-17-5

歌舞伎町のディープな雰囲気に浸りながら区役所通りを進むとこの神社がある。天保3（1832）年に古くからの稲荷と鬼王権現を合祀した、全国で唯一の「鬼」の名を持つ神社。境内に小さな恵比寿神社があり（ご開帳はなし）、その傍らにある「かえる石」に水をかけてみよう。あらゆる願いが自分にかえる（かなう）といわれている。

この本堂の左手に恵比寿神社が。毎年10月に恵比寿祭りが行われる

3 福禄寿 永福寺《えいふくじ》

●東京都新宿区新宿7-11-2

慶安元（1648）年創建と伝えられ、金銅の大日如来坐像や菩薩像が迎えてくれる。本堂と向かい合って建つ小さな福禄寿堂の中には、福禄寿像とつるっとした縦長の石が立っている。江戸時代の善光寺詣の際、「福禄寿の頭に似ている」と持ち帰られた石で、運気上昇のご利益があるとか。お堂の扉が閉まっていたら寺務所にひと声かけて。

この本堂前の小堂に、福禄寿像と石が鎮座している

コースと所要時間

スタート 新宿御苑前駅 ●東京メトロ丸ノ内線
0.2km 3分
1 太宗寺（布袋和尚）
1.5km 30分
2 稲荷鬼王神社（恵比寿神）
0.8km 14分
3 永福寺（福禄寿）
0.1km 2分
4 厳嶋神社（辨財天）
0.2km 3分
5 法善寺（寿老人）
1.3km 20分
6 経王寺（大黒天）
1.5km 25分
7 善国寺（毘沙門天）
0.4km 8分
ゴール 飯田橋駅 ●東京メトロ東西線・南北線・有楽町線、都営地下鉄大江戸線

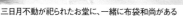

④ 辨財天 厳嶋神社《いつくしまじんじゃ》

●東京都新宿区余丁町8-5

参道が南北に通り抜けられることから「抜弁天《ぬけべんてん》」と呼ばれる厳嶋神社。応徳3（1086）年、源義家がここから富士山を望み、日本三大弁天の安芸の厳嶋神社へ勝利を祈願。その後の戦いの苦難を切り抜けたことから、この地に辨財天を祀ったと伝わり、江戸六弁天のひとつに数えられる。ここでの御朱印は正月7日まで。それ以降は西向天《にしむきてん》神社へ。

ここでのご開帳はなし。手水舎の龍が迎えてくれる

⑤ 寿老人 法善寺《ほうぜんじ》

●東京都新宿区新宿6-20-16

抜弁天から通りを渡り、「まねき通り」という横丁を入ってすぐの法善寺。寿老人は本堂右手の寺務所に安置されている。このお寺は、木彫立像「七面《しちめん》明神像《みょうじんぞう》」が有名。中正院日護上人の作で、江戸に最初に祀られた七面天女像と伝えられる。精緻な技巧と色彩が美しい。解説板にこの像に関する天女の伝説が書いてあるので、ご一読を。

この本堂右手の「寿老人→」という案内板が目印

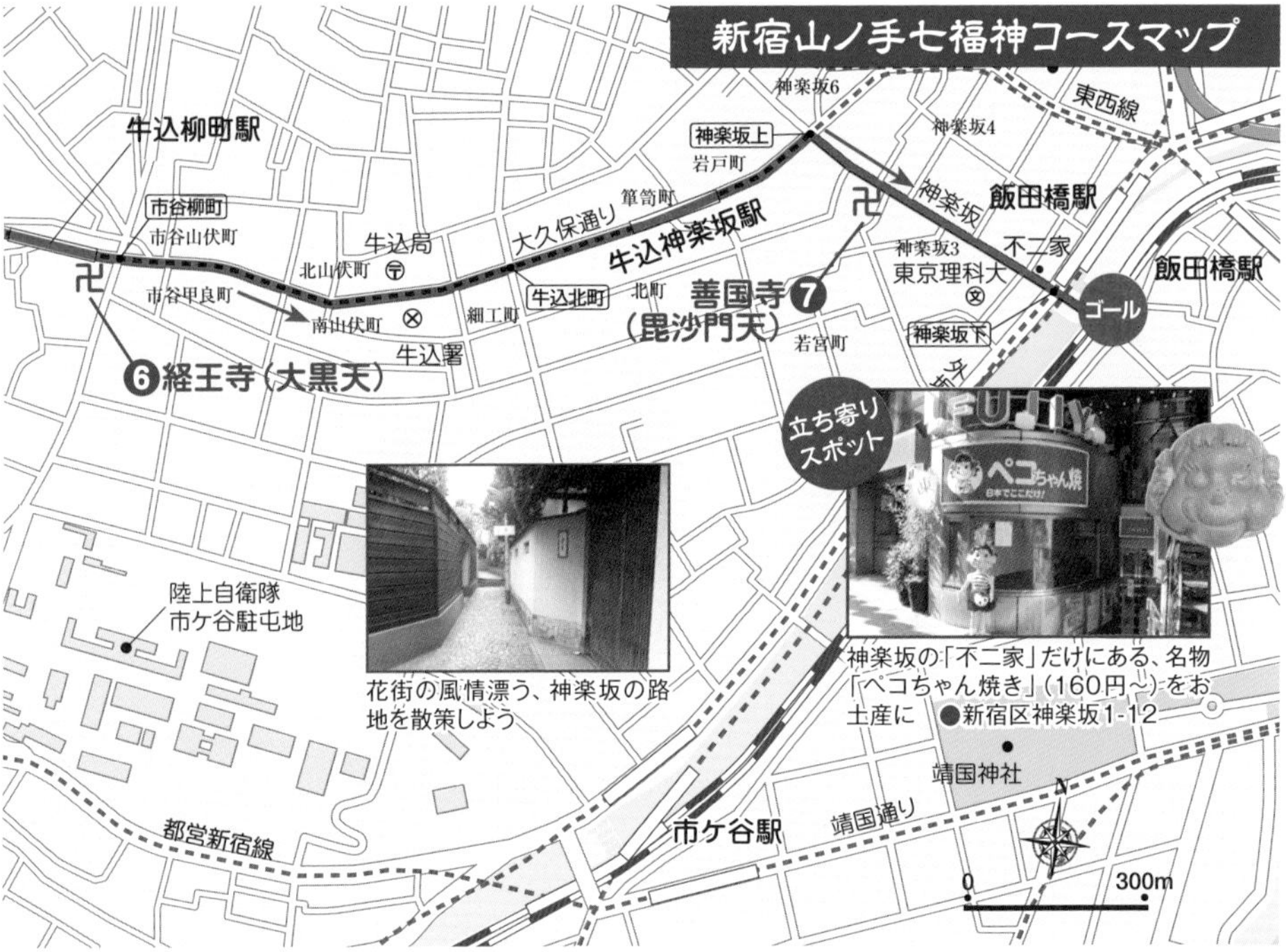
新宿山ノ手七福神コースマップ
牛込柳町駅
市谷柳町
市谷山伏町
市谷甲良町
北山伏町
南山伏町
牛込局
牛込署
大久保通り
箪笥町
牛込神楽坂駅
牛込北町
細工町
北町
神楽坂上
岩戸町
神楽坂6
神楽坂4
神楽坂3
神楽坂
神楽坂下
東西線
飯田橋駅
不二家
東京理科大
ゴール
若宮町
善国寺⑦（毘沙門天）
⑥経王寺（大黒天）
立ち寄りスポット
陸上自衛隊
市ケ谷駐屯地
都営新宿線
市ケ谷駅
靖国通り
靖国神社
0
300m

花街の風情漂う、神楽坂の路地を散策しよう

神楽坂の「不二家」だけにある、名物「ペコちゃん焼き」（160円～）をお土産に ●新宿区神楽坂1-12

6 大黒天 経王寺《きょうおうじ》

●東京都新宿区原町1-14

経王寺の開創は慶長3（1598）年。大黒天は、室町時代の作ともいわれる真っ黒な木彫りの立像。度重なる火災からも焼け残り、「火伏せの大黒天」と尊ばれ庶民に親しまれている。本堂右手の寺務所の一角に祀られ、お正月の7日までと、年6回の甲子《きのえね》日の大黒天祭には一層にぎわう。3回振ると願いがかなうという小槌もある。

大楽山

石段を上った先の本堂。境内には楽しい大黒天像がある

7 毘沙門天 善国寺《ぜんこくじ》

●東京都新宿区神楽坂5-36

〝神楽坂の毘沙門天〟と親しまれているこの寺の創建は、桃山時代末の文禄4（1595）年。初代住職の佛乗院日惺上人《ぶつじょういんにっせいしょうにん》が、祖父伝来の毘沙門天像を前に、徳川家康のために天下泰平を祈祷。家康より寺地を与えられ毘沙門天が祀られた。火災により、神楽坂に移転したのは江戸中期。〝江戸三毘沙門〟の随一として尊崇され、愛され続けている。

鮮やかな朱色の山門は神楽坂のシンボル

稲荷鬼王神社 ❷
（恵比寿神）
職安通り
新宿7
鬼王神社前
東新宿駅
新宿7
❸ 永福寺（福禄寿）
抜弁天
都営大江戸線
若松町
団子坂
若松町
原町2
大久保通り
若松河田駅
東京女子医科病院
東京女子医科大
原町3
区役所通り
歌舞伎町2
新宿イーストサイドスクエア
明治通り
副都心線
新宿6
❹ 厳嶋神社（辨財天）
余丁町
河田町
女子医大通り
❺ 法善寺（寿老人）
歌舞伎町1
区役所通
新宿6
西向天神社
新宿区役所
花園神社
新宿区
パークシティ伊勢丹
伊勢丹
新宿三丁目
新宿5
新宿5東
新宿1北
新宿2
新宿三丁目駅
曙橋駅
丸ノ内線
❶ 太宗寺
（布袋和尚）
新宿通り
外苑東通り
新宿御苑前駅
新宿御苑
スタート

新宿の繁華街には、酉の市で名高い花園神社もある

❹厳嶋神社から徒歩約3分、お正月期間以外の辨財天の御朱印は「西向天神社」で

東京都
板橋区・豊島区・練馬区

COURSE 19

板橋七福神

●いたばししちふくじん

中山道の板橋宿を出発、23区一のロングコースに挑戦

出発点もめぐり方も自由 2日に分けてもOK!

昭和のはじめ、板橋区の彫刻師の田中金太郎が彫った、高さ25センチほどの白木造りの七福神像。それが各寺院に寄進され、昭和12(1937)年に巡拝が始まった。板橋・豊島・練馬・の3区にまたがるコースは都内最長。中山道六十九次の板橋宿の面影を残す、仲宿商店街から出発するのがおすすめだが、コース付近には東武東上線や東京メトロの駅が多く、どこから出発してもOK。日を分けて歩くか自転車でもいい。

ご利益七福神グッズ

カラフルでキラキラ輝く 七福神ステッカーを集めよう

お正月期間、御朱印用色紙(800円)に各寺社で御朱印スタンプ(各200円)を押していただく。御朱印帳への御朱印は各300円。また、キラキラの七福神ステッカーは(各150円)、このコースならでは。各寺院で集めて福が勢ぞろい。

歩行時間……約3時間10分　歩行距離……約11.3km

DATA

[エリア] 東京都板橋区、豊島区、練馬区
[ご開帳&御朱印受付]
1月1日~7日　9:00~16:00
[問い合わせ]
西光院(板橋七福神事務局) ☎03-3955-2766

① 恵比寿天
観明寺《かんみょうじ》

●東京都板橋区板橋3-25-1

恵比寿様がいるお寺として親しまれ、鯛を抱えた素朴な木彫り像が迎えてくれる観明寺。旧中山道に沿った仲宿商店街にあり、暦応元（1338）年の創建と伝わる。ご本尊は正観世音《せいかんぜおん》菩薩《ぼさつ》。お江戸の板橋宿の寺として信仰を集め、明治初期には町の興隆のため千葉の成田山新勝寺の不動尊の分身を祀り、今でも「出世不動」として人気だ。

静かな本堂。境内の右手に並ぶ六地蔵菩薩も可愛い

風格のある山門をくぐると、正面に本堂がある

② 毘沙門天
文殊院《もんじゅいん》

●東京都板橋区仲宿28-5

参勤交代の大名の宿泊所である本陣。江戸初期に板橋宿の本陣をつとめた飯田家の菩提寺で、古くから信仰を集めていた延命地蔵尊の境内を広げ建立された。寛永2（1625）年開山、約200年後に全焼。再建後に赴任した住職は次々と大寺に転住し、「出世寺」と呼ばれた。本堂には本尊の文殊菩薩とともに、毘沙門天が奉安されている。

③ 福禄寿
長命寺《ちょうめいじ》

●東京都板橋区東山町48-5

環七と川越街道が交差するところにある長命寺。信号を渡った小高い丘の上にあるため石段を上るが、このあたりは室町時代にあったとされる板橋城跡の一部という説がある。この寺院の過去帳開始が承応元（1652）年なので、創建は江戸時代前期と考えられる。ここの福禄寿は白木から渋い色合いに変化し、味わい深い表情をしている。

本堂は落ち着いた雰囲気、境内は思いのほか静かだ

コースと所要時間

- スタート　板橋区役所前駅　●都営地下鉄三田線
- 0.4km　7分
- ① 観明寺（恵比寿）
- 0.9km　15分
- ② 文殊院（毘沙門天）
- 2.3km　40分
- ③ 長命寺（福禄寿）
- 0.8km　13分
- ④ 安養院（弁財天）
- 1.5km　25分
- ⑤ 西光寺（布袋尊）
- 2.0km　30分
- ⑥ 西光院（大黒天）
- 2.7km　48分
- ⑦ 能満寺（寿老人）
- 0.7km　12分
- ゴール　江古田駅　●西武池袋線

広々とした境内。この本堂の左手のお堂に弁財天がある

④ 弁財天 安養院《あんよういん》

●東京都板橋区東新町2-30-23

長命寺を出て環七から道を斜めに入り、氷川神社を過ぎ、突きあたりの静寂に包まれた場所にこの寺院はある。開基は鎌倉幕府執権、北条時頼が諸国行脚の際に、持仏「摩利支天《まりしてん》」をこの地に安置し建立したことに始まるという。境内は樹齢３００年以上のカヤの木もあり緑豊かだ。琵琶を奏でる姿の弁財天が、お堂で人々を迎えてくれる。

⑤ 布袋尊 西光寺《さいこうじ》

●東京都板橋区大谷口2-8-7

西光寺は、江戸時代初期に創建された観音堂が始まりといわれる。境内の「しろかき地蔵」は区内最古の石地蔵で、苦しむ農民を助けたという民話が残る。明治３（１８７０）年には寺子屋が開かれ、上板橋に学校ができるまで子どもたちが通った。布袋尊は正月期間、本尊の観世音菩薩前でご開帳。豪快な笑顔と丸々したお腹を見せてくれる。

落ち着いた雰囲気の境内。ここでコースの約半分だ

参道の先に仁王像と樹齢400年のシイの巨木がある

⑥ 大黒天 西光院《さいこういん》

●東京都板橋区南町31-1

西光寺を出て大谷口給水塔の先から細道を行くが、迷いやすいので注意だ。信号を目印に進んだ先の住宅街にある西光院。過去帳によると創建は元和２（１６１６）年、本尊は阿弥陀如来。板橋七福神の像はまずこの寺院に奉納され、真言宗豊山派の各寺院に分けられた。大黒天は短足の愛敬ある姿で米俵の上にちょこんと立っている。

⑦ 寿老人 能満寺《のうまんじ》

●東京都練馬区旭丘2-15-3

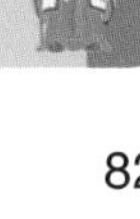

板橋区から豊島区へ入り、練馬区にある能満寺へ。開基は元和年間（１６１５～１６２４）、本尊は不動明王だ。第二次大戦後に板橋区の一部が練馬区になり、かつての所在地名「北豊島郡上板橋村字江古田新田」を偲ぶものとして、板橋七福神が祀られた。ここの寿老人像はどことなく知性的で品があり、願いをたっぷり祈願したくなる。

うっそうとした山門をくぐると、立派な本堂がある

板橋七福神コースマップ

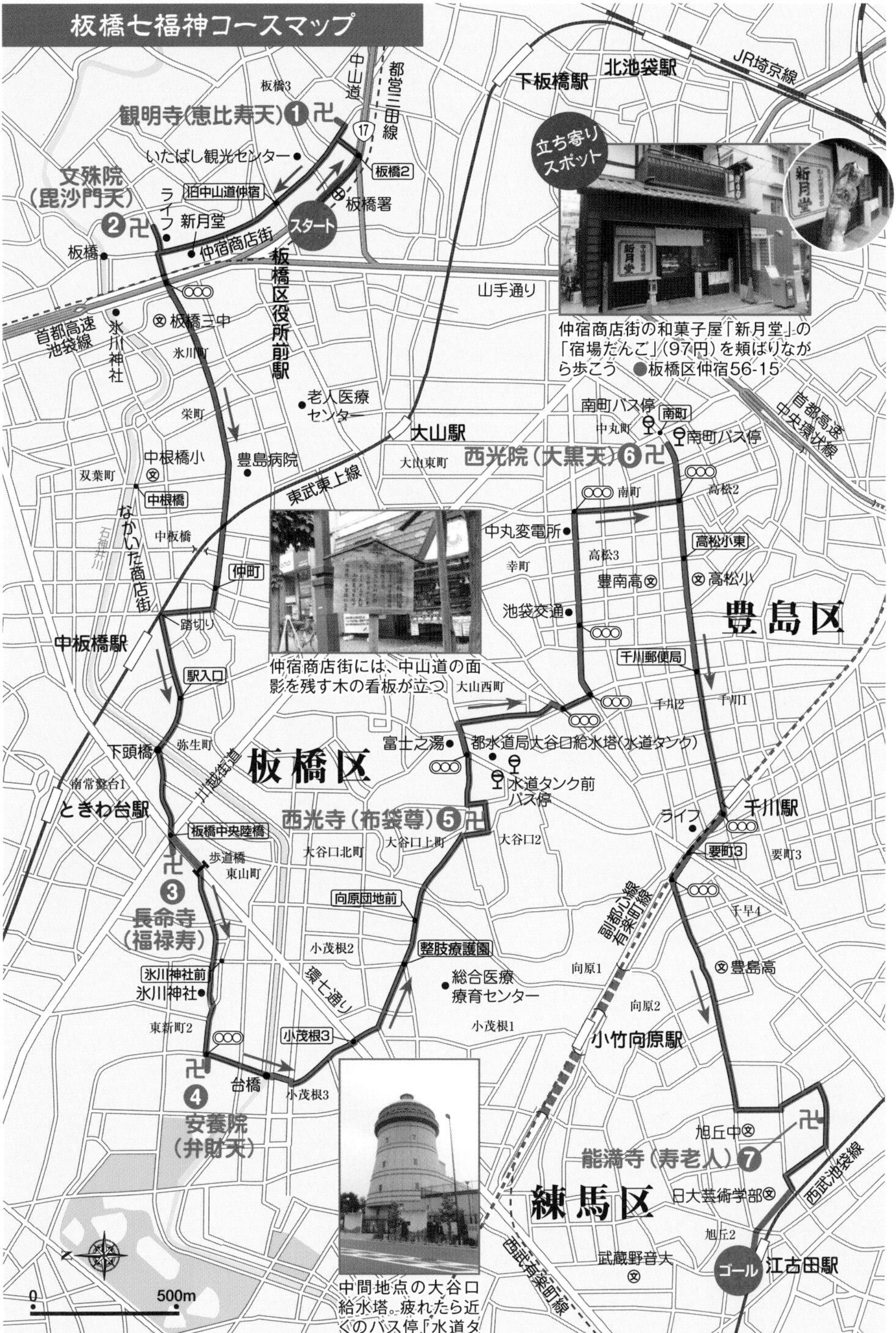

中山道
都営三田線
板橋3
観明寺(恵比寿天)1
17
板橋2
いたばし観光センター
文殊院(毘沙門天)2
旧中山道仲宿
ライフ
新月堂
仲宿商店街
スタート
板橋署
板橋
板橋区役所前駅
山手通り
首都高速池袋線
氷川神社
板橋三中
氷川町
老人医療センター
栄町
大山駅
大山東町
豊島病院
中根橋小
双葉町
中根橋
なかいた商店街
石神井川
中板橋
東武東上線
仲町
踏切り
中板橋駅
駅入口
下頭橋
弥生町
川越街道
板橋区
南常盤台1
ときわ台駅
板橋中央陸橋
歩道橋
東山町
3
長命寺(福禄寿)
氷川神社前
氷川神社
東新町2
4
安養院(弁財天)
台橋
小茂根3
小茂根2
環七通り
小茂根根3
整肢療護園
向原団地前
総合医療療育センター
小茂根1
大谷口北町
大谷口上町
大谷口2
西光寺(布袋尊)5
富士之湯
都水道局大谷口給水塔(水道タンク)
水道タンク前バス停
大山西町
北池袋駅
下板橋駅
JR埼京線
立ち寄りスポット
新月堂
首都高速中央環状線
南町バス停
南町
中丸町
西光院(大黒天)6
高松2
南町
中丸変電所
高松3
幸町
豊南高
高松小東
高松小
池袋交通
豊島区
千川郵便局
千川2
千川1
千川駅
ライフ
要町3
要町3
千早4
副都心線 有楽町線
向原1
向原2
豊島高
小竹向原駅
旭丘中
能満寺(寿老人)7
練馬区
日大芸術学部
旭丘2
武蔵野音大
西武有楽町線
西武池袋線
ゴール
江古田駅
0
500m

仲宿商店街の和菓子屋「新月堂」の「宿場だんご」(97円)を頬ばりながら歩こう ●板橋区仲宿56-15

仲宿商店街には、中山道の面影を残す木の看板が立つ

中間地点の大谷口給水塔。疲れたら近くのバス停「水道タンク前」から池袋行きが出ている

東京都
武蔵野市・三鷹市

COURSE 20

武蔵野吉祥七福神

●むさしのきっしょうしちふくじん

井の頭公園、アーケード街、緑道など見どころの宝庫

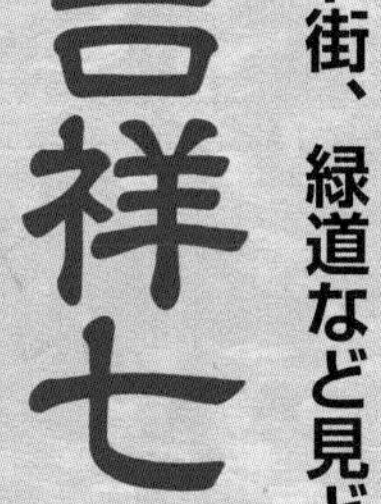

寄り道スポットがいっぱいの七福神めぐり

武蔵野吉祥七福神は、寄り道スポットがいっぱいだ。スタートの吉祥寺駅周辺では、井の頭公園やパルコなどのファッション専門店、サンロードを中心とするアーケード街を散策できる。

駅から離れると、静かな住宅街にはさまれた緑道や欅《けやき》並木が美しい。正月期間中は特別バスが出て、JR吉祥寺駅北口発、約30分間隔で運行している。詳しくは武蔵野商工会議所にお問い合わせを。

ご利益七福神グッズ

グッズを吉祥寺駅北口前と各寺社で頒布(正月期間のみ)

吉祥寺駅北口前と各寺社で、七福神御朱印用色紙、特別バス参加券、お正月うどん、手ぬぐいなどがセットになった「七福神めぐり色紙セット(御朱印含む)」を2000円で購入。その他、七福神クリアファイル(2枚・200円)などがある。

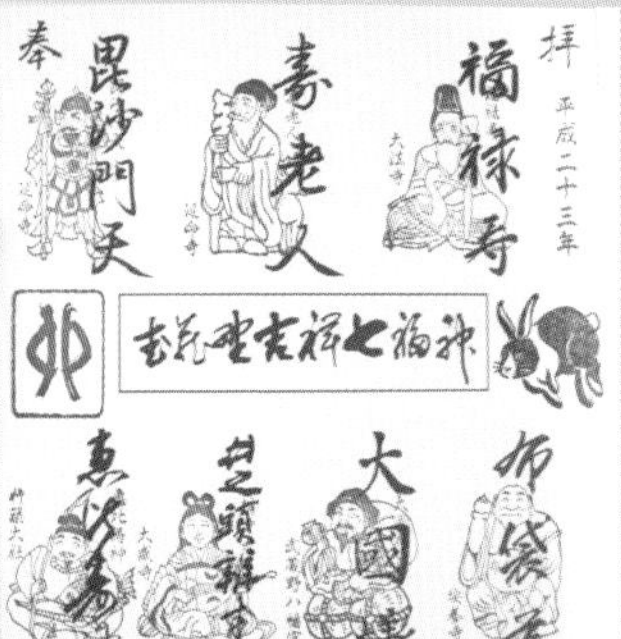

歩行時間……約2時間30分　歩行距離……約8.7km

DATA

[エリア] 東京都武蔵野市、三鷹市
[ご開帳&御朱印受付]
1月1日～7日　9:30～16:30
[問い合わせ]
武蔵野商工会議所 ☎0422-22-3631

① 弁財天
大盛寺・井の頭弁財天《だいせいじ・いのかしらべんざいてん》

●東京都三鷹市井の頭4-26-1

「井之頭略縁起」よれば平安時代の天慶年間（938〜947）に源経基《つねもと》が創建。井の頭公園の中の島に鎮座し、神田上水源の水神として江戸の人々に広く信仰された。徳川家光により建立された社殿は焼失したが、昭和2（1927）年に再建。一般的に弁天様は2本の手の女性だが、井の頭弁財天のご本尊は8本の手を持った八臂《はっぴ》像。

弁財天は秘仏だが、12年に一度（巳年）ご開帳がある

② 大國様
武蔵野八幡宮《むさしのはちまんぐう》

●東京都武蔵野市吉祥寺東町1-1-23

桓武天皇の御代までさかのぼる延暦8（789）年、坂上田村麻呂が奥州征伐の際に武運《ぶうん》長久《ちょうきゅう》を祈り、当地に宇佐八幡《うさはちまん》大神《おおかみ》のご分霊を祀ったのが始まり。武蔵野の農民の氏神様として厚い信仰を集めてきた。文化10（1813）年記銘年号のある石の鳥居や狛犬は、貴重な文化財として知られる。毎年9月中旬に行われる例大祭が盛大だ。

大國様は本殿に向かって右手の末社に祀られている

③ 布袋尊
安養寺《あんようじ》

●東京都武蔵野市吉祥寺東町1-1-21

開山は寛永元（1624）年、開基は北条氏四十八将の一人である布施《ふせ》弾正《だんじょう》左衛門《さえもん》康貞《やすさだ》。吉祥寺四軒寺のひとつで、多摩四国八十八カ所第一番札所。毎年春から夏にかけて大勢の巡礼者が訪れる。甲辛供養塔《こうしんくようとう》は武蔵野市有形民俗文化財で寛文5（1665）年に建てられた。ほかに六地蔵、にこやかな笑顔の布袋尊の石像などがある。

大晦日には除夜の鐘をつく大勢の人でにぎわう

コースと所要時間

スタート　吉祥寺駅　●JR中央線／京王井の頭線

0.8km — 14分

① 大盛寺・井の頭弁財天（弁財天）

1.5km — 25分

② 武蔵野八幡宮（大國様）

0.1km — 1分

③ 安養寺（布袋尊）

0.7km — 12分

④ 大法禅寺（福禄寿）

2.6km — 45分

⑤ 延命寺（寿老人）

⑥ 延命寺（毘沙門天）

2.5km — 45分

⑦ 杵築大社（恵比寿神）

0.5km — 8分

ゴール　武蔵境駅　●JR中央線

4 福禄寿 大法禅寺《だいほうぜんじ》

●東京都武蔵野市吉祥寺東町2-9-13

江戸幕府が開設されて約30年後の寛永10（1633）年創建。開創時は江戸麻布桜田町（現六本木）にあったが、昭和7（1932）年、300年におよぶ都心での歴史に幕を閉じ、現在地へ移転。徳川家光の摂政下に出雲国松江城下の名刹、円城寺第二世仁叟義貞《じんそうぎてい》禅師《ぜんじ》を開山とする禅寺である。境内には吉祥観音像、福禄寿の石像などがある。

多くの諸大名、各藩家中の帰依を受けた大法禅寺

5 寿老人 延命寺《えんめいじ》

●東京都武蔵野市八幡町1-1-2

関前村と呼ばれていた当地周辺が開村した寛文12（1672）年ごろ、八幡神社とともに創建したと推定される。山門には阿形、吽形の二体の金剛力士像を配置。本尊文殊菩薩《もんじゅぼさつ》、弘法大師、中興《ちゅうこう》の祖興経大師《こうぎょうだいし》、恵心作と伝えられる秘仏薬師如来などを祀る。寿老人像が長寿の象徴である鹿をつれ、仙術の記された巻物を持ち穏やかに微笑む。

福禄寿は仙術による長寿の方法を記した巻物を持つ

武蔵野吉祥七福神コースマップ
武蔵野市
吉祥寺北町
武蔵野中央
成蹊大
エスプリ・ドゥ・パリ
五日市街道
中町
吉祥寺本町
四軒寺
④大法禅寺（福禄寿）
❷武蔵野八幡宮（大國様）
❸安養寺（布袋尊）
八幡宮前
吉祥寺通り
吉祥寺サンロード
パルコ
吉祥寺駅
JR中央線
スタート
丸井
京王井の頭線
井の頭自然文化園
井の頭池
井の頭恩賜公園
井ノ頭通り
❶大盛寺・井の頭弁財天（弁財天）
三鷹の森ジブリ美術館
井の頭公園駅
西荻窪駅
N
0
500m
吉祥寺のメインストリートである「サンロード商店街」

大迫力の毘沙門天。右手に宝棒、左手で宝塔を持つ

⑥ 毘沙門天 延命寺《えんめいじ》

●東京都武蔵野市八幡町1-1-2

福禄寿とともに、ここ延命寺に祀られているのが毘沙門天。当寺の由緒によると毘沙門天は多聞天ともいわれ甲冑に身を固めた武士で、戦勝の守護神として崇められ、福徳、知恵、美貌、能弁など十種の利益があるとされる。また正月期間中は七福神めぐりの特別バスに乗車すると、ここ延命寺で体があたたまる甘酒のサービスを受けられる。

⑦ 恵比寿神 杵築大社《きづきたいしゃ》

●東京都武蔵野市境南町2-10-11

創建は江戸時代はじめ、松江藩主・松平直政により鷹狩場として建てられ、祭神は大国主《おおくにぬしの》命《みこと》と事代主命《ことしろぬしのみこと》の二神。開運厄除・縁結びの神としても信仰を集める。境内には高さが約10mにもおよぶ富士塚があり、三多摩に現存するものでは二番目の規模。山頂に浅間神社を祀っている。恵比寿神は、えびす大黒殿の中に祀られている。

武蔵境通り沿いに鎮座。本殿前には大きな銀杏の樹がある

延命寺
（毘沙門天・寿老人）⑥⑤卍
立ち寄りスポット
Esprit de Paris
グリーンパーク遊歩道
関前
西久保
境浄水場
三鷹通り
玉川上水
境
三鷹駅
武蔵境駅
ゴール
イトーヨーカドー
杵築大社（恵比寿神）⑦
西武多摩川線

「エスプリ・ドゥ・パリ」の「武蔵乃國お米のかすてぃら（1556円）」はモンドセレクション8年連続金賞受賞
●武蔵野市中町3-5-12

現在でも水道の導水路として使われている「玉川上水」

住宅街にはさまれた散策路「グリーンパーク遊歩道」

東京都
調布市

COURSE 21

調布七福神

●ちょうふしちふくじん

古刹深大寺を中心に、景色を堪能しつつめぐりたい

広範囲のロングコース。交通機関をうまく使って

京王線を中心に東西に広がる調布七福神。にぎやかな駅前や商店街、緑あふれる道を行き、道中には神代植物公園や布多天神社といった見どころも多い。このコースは距離が長く、のんびり徒歩で回ると一日がかりになってしまうので時間に余裕をもって出かけるほうがいい。いくつかの寺院は駅から近く、電車やバスを上手に使ってめぐりたい。毎年、調布市観光協会主催の新年の縁起行事「調布七福神めぐり」も行われている。

ご利益七福神グッズ

専用色紙はほかにはないカラフルさ。ここだけの神様の土鈴も一緒に

各寺院で、カラフルなかわいらしいお姿が描かれた御朱印専用色紙（700円）と御朱印（各300円）を授かることができる。また、この期間だけ各寺院で七福神像の土鈴（各500円）を授与しているので、御朱印とともに、ぜひ集めたい。

歩行時間……約2時間21分　歩行距離……約8.3km

DATA

［エリア］東京都調布市
［ご開帳&御朱印受付］
1月1日～7日　9:0016:30
［問い合わせ］
西光寺 ☎0424-82-3320

堂々たる山門を入ると、本堂、菩提堂がある

1 寿老人 昌翁寺《しょうおうじ》

●東京都調布市仙川3-7-1

スタートは仙川駅にほど近い昌翁寺。寿老人が祀られているこの寺は、慶長年間（1596〜1615）に徳川家旗本、仙川領主の飯高主水貞政《いいだかもんどさだまさ》によって開山。その後、師である快要法印が開基となり、現在地に創建されたとされている。本堂にはご本尊である阿彌陀如来、観世音菩薩、不動尊、閻魔《えんま》大王、そして寿老人像が安置されている。

境内の観音堂に弁財天が祀られている

2 弁財天 明照院《みょうしょういん》

●東京都調布市入間町2-19-12

室町時代の天文永禄（1532〜1558）の頃、開山法印《ほういん》秀海《しゅうかい》により創建。本尊阿弥陀如来、脇侍観世音菩薩、脇侍大勢至菩薩の三尊仏は運慶の作と伝えられ、半跏像《はんかぞう》踏《ふ》み下《さ》げというめずらしい仏像がある。弁財天は、第六世良慶が竹生島《ちくぶしま》弁財天の分影を勧請、弁天山宇賀神堂に祀っていたものを明治17（1884）年に移したもの。

3 毘沙門天 深大寺《じんだいじ》

●東京都調布市深大寺元町5-15-1

奈良時代の天平5（733）年、満功上人《まんくうしょうにん》が開山したと伝えられる関東随一の古刹。離ればなれになった若者と娘が水神の深沙大王《じんしゃだいおう》に祈願して結ばれたことから、深沙大王を祀ったのが始まりと「深大寺縁起」に伝わる。この物語によって、深大寺は縁結びの神様としても有名だ。鐘楼やお堂などもじっくり見て回りたい。

本堂は大正時代に再建。毘沙門天は釈迦堂に安置

コースと所要時間

- スタート 仙川駅 ●京王電鉄京王線
- 0.2km ― 4分
- ① 昌翁寺（寿老人）
- 1.8km ― 30分
- ② 明照院（弁財天）
- 1.5km ― 25分
- 京王線つつじケ丘駅
- 京王バス深大寺行き ― 20分
- ③ 深大寺（毘沙門天）
- 1.3km ― 22分
- ④ 祇園寺（福禄寿）
- 1.0km ― 17分
- ⑤ 常性寺（布袋尊）
- 0.9km ― 15分
- ⑥ 大正寺（恵比寿）
- 1.4km ― 24分
- ⑦ 西光寺（大黒天）
- 0.2km ― 4分
- ゴール 西調布駅 ●京王電鉄京王線

4 福禄寿

祇園寺《ぎおんじ》

●東京都調布市佐須町2-18-1

深大寺と同じ満功上人《まんくうしょうにん》によって天平年間（729〜749）に開山された趣のある古い寺。

境内には、ご本尊の阿弥陀如来が祀られている本堂や秘仏薬師三尊を安置する薬師堂、閻魔《えんま》大王を祀る閻魔堂などがある。明治41（1908）年に、自由民権運動家の集会が行われ、板垣退助により植えられたという「自由の松」がある。

福禄寿は昭和53（1978）年に再建された本堂に安置されている

5 布袋尊

常性寺《じょうしょうじ》

●東京都調布市国領町1-2-8

正式には「医王山長楽院常性寺」といい、鎌倉時代に創建された由緒ある寺院。本堂には、丈二尺五寸の薬師如来座像が、不動堂には成田山不動尊を勧請した不動明王が祀られている。この不動明王は、地元では調布のお不動さんとして親しまれている。境内の庭園に、福々しい笑顔の黒い布袋尊が安置されている。

こちらは厄除不動が祀られている不動堂

調布七福神コースマップ
三鷹市
仙川
昌翁寺（寿老人）❶
スタート
仙川駅
桐朋学園前
⊗晃華学園高
桐朋学園⊗
調布市
20
つつじヶ丘駅南口
神代高⊗
甲州街道
つつじヶ丘駅
武者小路実篤記念館
第四中⊗
柴崎駅
糟嶺神社
❷明照院（弁財天）
国領駅

多くの参拝者でにぎわう深大寺の参道。みやげ物屋やそば屋が多い

住宅街にある野川を渡ると、にぎやかな駅前につながる

6 恵比寿 大正寺《たいしょうじ》

●東京都調布市調布ヶ丘1-22-1

奈良時代の開山と伝えられる。大正4（1915）年に上布田の天神社の元別当栄法寺《もとべっとうえいほうじ》、小島町の不動院、下布田の宝性寺の三寺を合併。創建時の年号から大正寺と称されるようになった。調布駅から「ゲゲゲの鬼太郎」の像が設置された天神通り商店街を抜け、甲州街道を渡るとすぐ目の前。「浄声庵《じょうせいあん》」と名づけられた本格的な茶室がある。

境内の池のそばに、恵比寿神が祀られている

7 大黒天 西光寺《さいこうじ》

●東京都調布市上石原1-28-3

開山は応永年間（1394～1428）。石原聖天坊という修験僧により開創された密教系の寺院だった。徳川家康による江戸幕府開設に伴い甲州街道が開かれ、布田五宿が設置された際にこの地に移転した。旗本の長谷川氏が元禄11（1698）年に寄進した観音三十三身像は市指定有形文化財。門前には近藤勇の座像がある。

大黒天は、赤いお社の観音堂に祀られている

©水木プロ

鬼太郎茶屋／喫茶、ギャラリーに妖怪グッズがずらり。ここにしかないアイテムもある

●調布市深大寺元町5-12-8

©水木プロ

天神通り商店街には、いたるところに鬼太郎と仲間たちが顔を出す

東京都
八王子市

COURSE
22

八王子七福神《はちおうじしちふくじん》

甲州街道で栄えた町の古き良き歴史をめぐるコース

八王子の七福神は、地名にちなんで八福神

年間三百万人が訪れる高尾山を擁する八王子市。八王子七福神は、地名と縁起のいい末広がりの八という数字にちなみ、吉祥天を加えた八福神をめぐるコースになっている。市民の憩いの場である南浅川の土手から奥多摩の山並みを眺める道中や、高台にある吉祥院から高尾山を望む風景に、歩いた疲れも癒されるに違いない。途上には郷土資料館もあり、甲州街道で栄えた当時の歴史を学べるので、時間があればのぞいてみよう。

1 恵比寿天 成田山伝法院《なりたさんでんぽういん》

●東京都八王子市南新町4

文禄4（1595）年、八王子嶋之坊宿（現日吉町）に創立され、のちに現在地に移転。明治時代に作られた石塀と石灯籠が現存し、当時栄えた店の屋号や遊郭の名が刻まれている。

小さな恵比寿堂は昭和25（1950）年に建立されたもの

ご利益七福神グッズ

御朱印紙は宝船に乗るイラスト入り

8カ所をめぐる七福神めぐりの御朱印紙には、吉祥天を含めた8人の神様が宝船に乗るイラストが描かれている。御朱印色紙代300円。御朱印代各200円。七福神守のキーホルダー、絵馬、子どもスタンプなどもある。

歩行時間……約2時間6分

歩行距離……約7.4km

DATA

［エリア］東京都八王子市
［ご開帳&御朱印受付］
1月1日～10日 9:00～16:30
［問い合わせ］
信松院 ☎042-622-6978
http://www.hachihukujin.net

② 毘沙門天 本立寺《ほんりゅうじ》

●東京都八王子市上野町11-1

寺伝によれば永禄9（1566）年の開山とされる。第二次大戦の際に焼失したが、本尊と寺宝はその難を逃れた。現在の本堂は、昭和28（1953）年に立教開宗700年の記念として落成されたもの。毘沙門天は通常、剣や鉾を持っているが、当寺の像は長刀を持つめずらしい姿。長刀で災難をなぎ払うご利益があるという。

新本堂は総檜造り、銅板葺き、建坪60坪の大伽藍

③ 福禄寿 金剛院《こんごういん》

●東京都八王子市上野町39-2

弘法大師空海の法灯を継ぐ高野山真言宗の寺院。天正4（1576）年創建。当時は明王院と号していた。本尊は不動明王で、平成4年に高野山金剛峯寺の別格本山となった。昭和37（1962）年に東京都重要文化財に指定された「紙本著色高野山図会」ほか、鎌倉時代の「十六善神図」などを都文化財収蔵展示室に保存している。

整備された石畳に凛とした空気が感じられる境内

④ 布袋尊 信松院《しんしょういん》

●東京都八王子市台町3-18-28

天正18（1590）年、信松尼（武田信玄の四女・松姫《まつひめ》）が心源院より八王子御所水（現八王子市台町）の草庵に移転したのが創建とされる。「軍船ひな形・寄進目録」（東京都指定文化財）、「松姫坐像」（八王子市指定文化財）を保存。「信松尼墓」は市指定史跡である。布袋像は観音堂地階に安置。お腹をさすると福徳を授かるという。

デザイン性に優れ歴女にも人気のある信松院観音堂

コースと所要時間

スタート 八王子駅 ●JR中央本線
1.0km｜17分
① 成田山伝法院（恵比寿天）
0.4km｜7分
② 本立寺（毘沙門天）
0.4km｜7分
③ 金剛院（福禄寿）
0.6km｜10分
④ 信松院（布袋尊）
0.8km｜14分
⑤ 善龍寺（走大黒天）
0.9km｜15分
⑥ 了法寺（新護弁財天）
0.8km｜14分
⑦ 宗格院（寿老尊）
1.0km｜17分
⑧ 吉祥院（吉祥天）
1.5km｜25分
ゴール 西八王子駅 ●JR中央本線

5 走大黒天 善龍寺《ぜんりゅうじ》

●東京都八王子市元本郷町1-1-9

開基は長亨2（1488）年、本妙院《ほんみょういん》日英上人《にちえいしょうにん》による。江戸期には国定忠治の子分、清水のガン鉄が寺男として寄住していたなどのエピソードがある。境内に増田蔵六の門弟が建てた碑「増田蔵六小伝」を安置。当寺の大黒天は米俵に乗って右足を前に出した姿で「走り大黒尊天」と呼ばれるもの。境内は、しだれ桜が初春を艶やかに彩る。

本堂の「浄行菩薩堂」内に増田蔵六の木剣を展示

6 新護弁財天 了法寺《りょうほうじ》

●東京都八王子市日吉町2-1

開祖は啓運日澄上人《けいうんにっちょうしょうにん》で、延徳元（1489）年に隠居する寺として開山されたと伝えられる。その後、延徳2（1491）年に元八王子に改めて開かれ、天正18（1590）年に今の八王子日吉町に転寺した。アニメ風弁財天の看板を入り口に設置し、テーマソング「寺ズッキュン！愛の了法寺！」をリリース。「萌えるお寺」として話題だ。

秋葉原でイベント展開するなど話題の「萌えるお寺」

八王子七福神コースマップ

N
0
300m
16
卍 5 善龍寺（走大黒天）
第二小
本郷横丁
八王子署
甲州街道
夢美術館
八幡八雲神社
グルメシティ
秋川街道
20
八王子駅入口西
1 成田山伝法院（恵比寿天）
南町
金剛院（福禄寿）
信松院前
天満神社
3 卍
第七小
八王子金剛院前
JR中央線
郷土資料館
スタート
南大通り
第三小
八王子駅
市民会館
八王子消防署入口
2 本立寺（毘沙門天）
4 信松院（布袋尊）
第六中
16
立ち寄りスポット

八王子の歴史を学べる「郷土資料館」は入館無料

●八王子市上野町33

⑦ 寿老尊 宗格院《そうかくいん》

●東京都八王子市千人松2-14-18

文禄2（1593）年、山本忠房が宗格庵と称する草庵を開いたが、興福寺六世の永雲により良价山宗格院となる。境内には、八王子を流れる浅川の氾濫を防ぐために大久保《おおくぼ》長安《ながやす》が江戸時代初期に築いた堤防の一部が残っている。この堤防は、長安の官位である石見守《いわみのかみ》にちなんで「石見土手」と呼ばれた。八王子市の史跡に指定されている。

墓地にある松本斗機蔵の墓は東京都指定旧跡

⑧ 吉祥天 吉祥院《きちじょういん》

●東京都八王子市長房町58-3

頼源坊が開基となり、法印賢《ほういんけん》盛《せい》を開山として応永年間（1394〜1427）に創建。宝樹房行盛法印が慶長7（1602）年に中興《ちゅうこう》したと伝えられる。昭和20（1945）年当地へ移転。本尊大日如来を安置する真言宗智山派に属する密門の寺院だ。福徳自在の女神である吉祥天に参拝し、さらに進むと高尾山を望む見晴らしのいい高台がある。

吉祥天と毘沙門天を並べて祀る。トトロ石像もある

⑧吉祥院（吉祥天）
⑦宗格院（寿老尊）
了法寺（新護弁財天）⑥
南浅川緑地
長房団地
追分町局
追分町
馬場横丁の碑
八王子桑志高
八王子高
長房小
富士森高
西八王子駅西
ゴール
都立小児病院
西八王子駅
第二商高
八王子市

緑豊かな南浅川の土手を散策しながら吉祥院へと向かう

学問の神様と親しまれる菅原道真公を祀る「天満神社」

「萌え寺」と呼ばれる了法寺。Lineスタンプも発売している

神奈川県
川崎市中原区

COURSE 23

川崎七福神《かわさきしちふくじん》

多摩川の流域に沿った自然豊かな道のりをゆく

ロングコースだが平坦、足腰にやさしい

「歴史探訪を楽しみながらご利益が得られます」という心得で、昭和58（1983）年に川崎の新名所として中原区に川崎七福神めぐりは誕生した。約10キロで長めの道のりだが、坂道もなく大変歩きやすい。足腰にやさしく初心者でもめぐりやすいコースだ。またほとんどの七福神の石像が屋外に設置されているのも特徴。周辺には等々力緑地や多摩川、春になると桜が満開になる二ヶ領用水など、散策箇所も盛りだくさんある。

ご利益七福神グッズ

各寺院で御朱印をいただく。電車で手軽に回るのもOK

各寺院では、七福神をお参りした際に、御朱印を押す専用の色紙を用意している。御朱印色紙（300円）の授与を受け、七福神御朱印（各200円）を押していただく。スタート地点の寺社で、御朱印色紙を入手しよう。各寺院へは、多摩川の流れに沿って走るJR南武線、東急東横線を利用して、各駅から徒歩15分以内。電車を利用して御朱印収集も手軽に楽しめる。

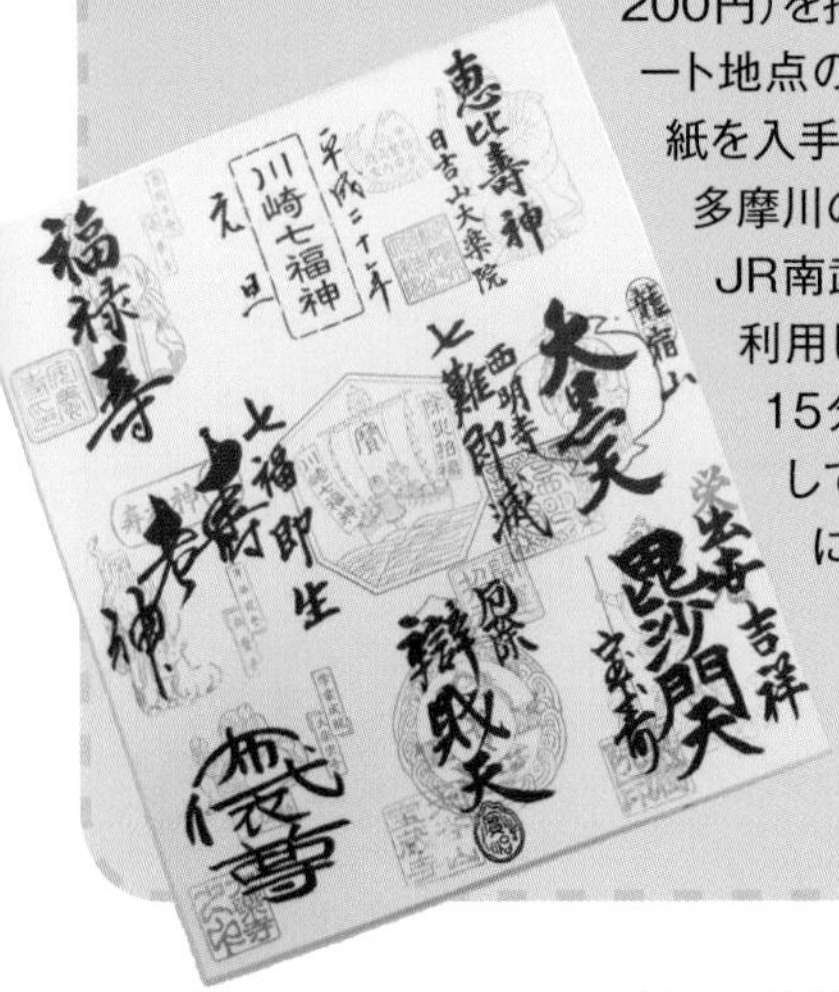

歩行時間……約2時間53分　歩行距離……約10.9km

DATA

［エリア］川崎市中原区
［ご開帳&御朱印受付］
1月1日～7日　9:00～16:00
［問い合わせ］
川崎七福神会 ☎044-711-0729

① 布袋尊 大楽寺《だいらくじ》

●川崎市中原区木月4-22-32

真言宗智山派で開山は不明。本堂の左手に布袋尊の石像が設置されている。交通量の多い県道のすぐそばにありながら、その喧噪が嘘のように静かで、広々とした境内。三重塔前庭の境内は、隣接する大楽幼稚園の園庭とも共用になっている。東横線・目黒線「元住吉駅」から徒歩約15分。臨港バス「石神橋」下車徒歩約1分。

山門の外側からも、そびえ立つ三重塔を望める

寿老神は本堂内に祀られているが石像は境内にある

② 寿老神 無量寺《むりょうじ》

●川崎市中原区中丸子498

天正年間（1580）に覚源和尚により開創。村の豪士、野口七左衛門は覚源に帰依《きえ》し、無量寺を野口家の菩提寺とした。入口左側に布教掲示板が常設され、住職の一言法話が適時交換されながら掲示され人々の心の平安を支えている。本堂は戦災に遭い、寺宝はほとんど焼失。現在の本堂は、壇信徒の浄財により再建されたものだ。

③ 恵比寿神 大楽院《だいらくいん》

●川崎市中原区上丸子八幡町1522

真言宗豊山派に属する。牡丹で有名な奈良県長谷寺の直轄寺院で、日吉山大楽院神宮寺と号し、ご本尊は長谷寺と同じく、十一面観世音菩薩である。「武蔵風土記稿」によれば、境内には本堂の外にいくつかの堂宇《どうう》を有し、境外にも数社を管理し、かなりの寺格と規模を有したよう。東横線「新丸子駅」東口下車徒歩約6分。

釈迦如来像は坐高2mあまり。川崎市の指定文化財

コースと所要時間

スタート 元住吉駅（●東急東横線・目黒線）

1.0km — 15分

① 大楽寺（布袋尊）

3.2km — 55分

② 無量寺（寿老神）

1.6km — 25分

③ 大楽院（恵比寿神）

1.6km — 25分

④ 西明寺（大黒天）

1.6km — 25分

⑤ 東樹院（毘沙門天）

1.0km — 15分

⑥ 宝蔵寺（弁財天）

0.4km — 5分

⑦ 安養寺（福禄寿）

0.5km — 8分

ゴール 武蔵新城駅（●JR南武線）

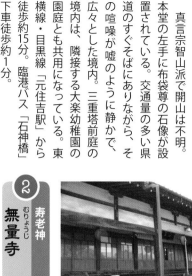

④ 大黒天
西明寺《さいみょうじ》
●川崎市中原区小杉御殿町1-906

古い記録はないが西明寺入道北条時頼の中興と伝えられ、かつて有馬（宮前区）にあったものがこの地に移されたとされる。真言宗の寺院で本尊は大日如来座像。大黒天は一本の木から彫る「一本作り」で、木食《もくじき》上人《しょうにん》の作と伝えられる。南武線または東横線「武蔵小杉駅」下車徒歩約15分。バス利用は1番乗場「西明寺前」下車徒歩約３分。

大黒天を本堂内に安置。本堂前に石像もある

⑤ 毘沙門天
東樹院《とうじゅいん》
●川崎市中原区宮内1-11-1

長禄のころ（１４５８）、この地きっての豪族、平氏の流れである石井源左衛門が、毘沙門の社があるのを見つけ、ここを霊地と定めお堂を再建、一族の墳地としたのが始まり。現在は山門脇の堂内に、この地を見据えるように毘沙門天が立つ。バス利用は「武蔵小杉駅」より市民ミュージアム経由中原駅行き「蔵前」下車徒歩約1分。

大栄山東樹院多聞寺と称し本尊に不動明王尊を安置

⑥ 弁財天
宝蔵寺《ほうぞうじ》
●川崎市中原区上小田中1-4-13

永正17（１５２０）年創建。天文年中の再建、原勘解由左衛門勝光を開基としている。本尊には子育地蔵菩薩を安置。琵琶を優雅に奏でる弁財天像は、境内にある弁天堂に祀られている。また本堂の右手には、宝船に乗った七福神勢ぞろいの、可愛らしい石像もある。南武線「武蔵新城駅」下車徒歩約8分、大谷戸小学校東隣り。

原氏の祈願所として再建された宝蔵寺

⑦ 福禄寿
安養寺《あんようじ》
●川崎市中原区上新城1-9-5

永禄10（１５６７）年頃宥清和尚の開山とされる。爾来盛衰《じらいせいすい》を経て、火災などの災害により多くの古文書が散逸して詳細は不明。近代的なコンクリート造りの本堂は、関東大震災後、仮堂だったものを昭和41（１９６６）年に再建。福禄寿の石像も本堂に合わせたかのように現代的な雰囲気だ。南武線「武蔵新城駅」北口下車、徒歩約３分。

天輪山遍照院と称し、本尊は大日如来を安置する

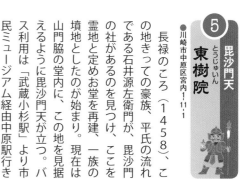

川崎七福神コースマップ

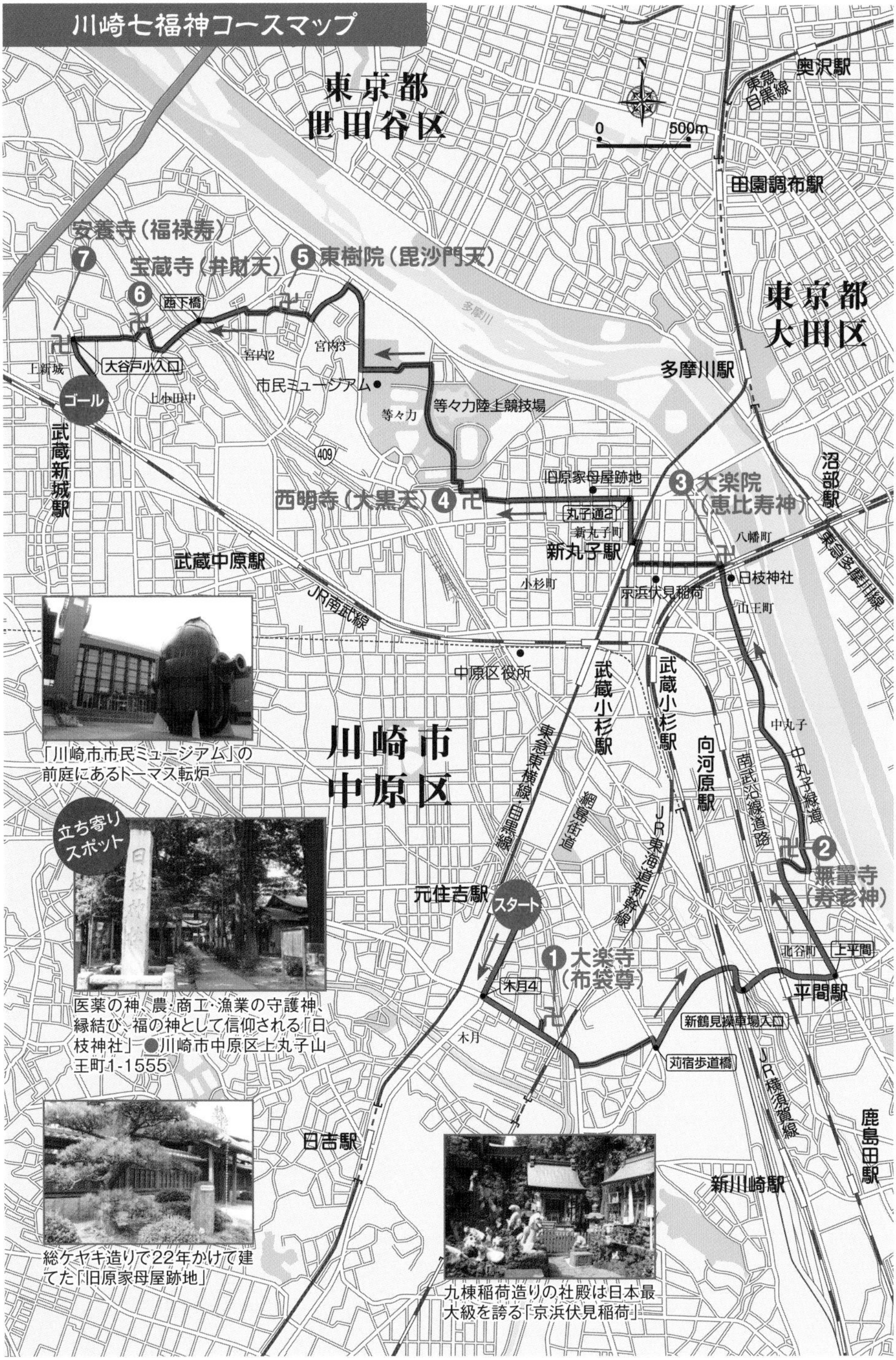
東京都
世田谷区
N
0
500m
奥沢駅
東急目黒線
田園調布駅
東京都
大田区
多摩川
多摩川駅
安養寺（福禄寿）
7
宝蔵寺（弁財天）
6
5 東樹院（毘沙門天）
西下橋
宮内2
宮内3
上新城
大谷戸小入口
上小田中
ゴール
武蔵新城駅
市民ミュージアム
等々力
等々力陸上競技場
409
旧原家母屋跡地
西明寺（大黒天）4
3 大楽院（恵比寿神）
丸子通2
新丸子町
新丸子駅
八幡町
沼部駅
東急多摩川線
武蔵中原駅
小杉町
京浜伏見稲荷
日枝神社
山王町
JR南武線
中原区役所
武蔵小杉駅
武蔵小杉駅
向河原駅
東急東横線・目黒線
川崎市
中原区
綱島街道
JR東海道新幹線
南武沿線道路
中丸子
中丸子緑道
2 無量寺（寿老神）
元住吉駅
スタート
1 大楽寺（布袋尊）
木月4
木月
苅宿歩道橋
新鶴見操車場入口
北谷町
上平間
平間駅
JR横須賀線
鹿島田駅
日吉駅
新川崎駅
立ち寄りスポット
日枝神社

「川崎市市民ミュージアム」の前庭にあるトーマス転炉

医薬の神、農・商工・漁業の守護神、縁結び、福の神として信仰される「日枝神社」●川崎市中原区上丸子山王町1-1555

総ケヤキ造りで22年かけて建てた「旧原家母屋跡地」

九棟稲荷造りの社殿は日本最大級を誇る「京浜伏見稲荷」

神奈川県
横浜市

COURSE
24

横浜金澤七福神

シーサイドライン沿線に展開する七福神

●よこはまかなざわしちふくじん

周辺は横浜を代表する観光名所が目白押し

鎌倉時代、北条氏のもとに栄えた称名寺や、金沢文庫など中世期以降の歴史的、文化的資産が数多く残されている横浜金沢区。横浜金澤七福神は、これらの観光資産をより多くの人に知ってもらおうと、平成17年1月に開設された。周辺にはアウトレットパークや八景島シーパラダイスなど、横浜を代表する観光名所が目白押し。コースは約10キロと長めなので、シーサイドラインを利用したり、何日かに分けてめぐるのもいいだろう。

ご利益七福神グッズ

福笹・七福神絵馬を授与。スタンプラリーでは景品も

御朱印色紙は500円。各寺社で御朱印を押す(各300円)。ほかにも各寺社で福笹(300円)、七福神絵馬(各300円)を授与。

また、期間内にはスタンプラリー(無料)を実施。ゴールの八景島シーパラダイスでは先着1000名に景品(カレンダーなど)をいただける。

歩行時間……約2時間46分　歩行距離……約10.1km

DATA

[エリア] 横浜市金沢区
[ご開帳&御朱印受付]
1月1日~8日 9:00~16:00
[問い合わせ]
横浜金沢観光協会 ☎045-780-3431

① 布袋尊 長昌寺《ちょうしょうじ》

●横浜市金沢区富岡東3-23-21

本尊は釈迦如来。天正2（1574）年、鎌倉明月院の仙渓《せんけい》和尚《おしょう》によって開かれた。観音堂には天然痘除けの守り神として名高い芋神様が祀られている。本堂裏には、直木賞で知られる小説家直木三十五の墓所があり、2月には南国忌が行われる。布袋尊像は門の手前左側に安置。シーサイドライン「鳥浜駅」から徒歩約15分。

天然痘除けの神様、芋神様（楊柳観音）が祀られている

② 蛭子尊 富岡八幡宮《とみおかはちまんぐう》

●横浜市金沢区富岡東4-5-41

およそ800年前、建久2（1191）年に源頼朝が鎌倉の鬼門の鎮護のために、摂津国西宮神社の蛭子尊＝えびす様を勧請したのが始まり。この地の鎮守として海上安全の守り神、商売繁盛の福の神として親しまれている。境内を囲む原生林は横浜市指定天然記念物。7月中旬には、横浜市無形文化財指定「祇園舟《ぎおんぶね》」の祭りが行われる。

蛭子尊は本殿向かって左側の境内に安置されている

③ 寿老人 寶蔵院《ほうぞういん》

●横浜市金沢区柴町214

安政5（1858）年の火災により、創建の由来や由緒を伝える資料はほとんど残されていない。しかし本尊である大日如来や、寺に残る諸仏が鎌倉時代のものであるため、開基は鎌倉時代前期だといわれる。境内からは東京湾を見下ろせ、晴れの日には美しいパノラマも楽しめる。シーサイドライン「海の公園柴口駅」より徒歩約10分。

信仰の厚い漁民により長年守り続けられる寶蔵院。本堂の左側に寿老人像が立つ

コースと所要時間

スタート 京急富岡駅 ●京浜急行線

1.1km—18分

1 長昌寺（布袋尊）

0.6km—10分

2 富岡八幡宮（蛭子尊）

3.3km—55分

3 寶蔵院（寿老人）

1.7km—28分

4 伝心寺（毘沙門天）

0.4km—6分

5 龍華寺（大黒天）

0.5km—5分

6 瀬戸神社（弁財天）

1.8km—37分

7 正法院（福禄寿）

0.7km—7分

ゴール 金沢文庫駅 ●京浜急行線

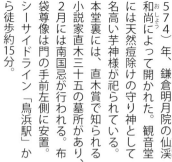

4 毘沙門天 伝心寺《でんしんじ》

●横浜市金沢区町屋町16-28

執権北条時頼が宝治元（1247）年に開いたとされる。毘沙門天の石像を境内に安置。毘沙門天は、知恵と武勇、戦勝の神様としてスポーツ試合や受験などの守護、開運出世や厄除けにもご利益があるとされ、多くの人が祈願、参拝に訪れる。近くには、写生を楽しむ人々でにぎわう「称名寺」も。時間が許せば、ぜひ足をのばして欲しい。

境内にある毘沙門天像

本尊は釈迦如来。脇仏に普賢菩薩と文殊菩薩を配す

5 大黒天 龍華寺《りゅうげじ》

●横浜市金沢区洲崎町9-31

文治5（1189）年に、源頼朝と文覚上人《もんがくしょうにん》が建立。明応年間（1492〜1501）に現在地に移築された古刹で、ぼけ封じ観音で知られる。多数の霊宝・名宝を保管。梵鐘は県の重要文化財。また脱活乾漆造《だっかつかんしつづく》りの菩薩坐像も貴重だ。この像は龍華寺の蔵から破損した状態で発見されたもの。大黒天の石像とは対照的なスリムなシルエット。

頼朝が六浦山中に浄願寺を建立したのが龍華寺の始まり

6 弁財天 瀬戸神社《せとじんじゃ》

●横浜市金沢区瀬戸18-14

今から1500年ほど前、瀬戸の内海の出入りは海上交通の難所であった事情から、昔の人々が海神を祀っていたのが起源とされる。国道16号をはさんで建つ境内社は、北条政子が海中に築いた琵琶島《びわじま》神社。珍しい立ったままの姿の「立身弁財天」が祀られている。参道入口には金沢四石のひとつ「福石」がある。

神社の隣接地からは古墳時代の祭祀遺物が出土した

7 福禄寿 正法院《しょうぼういん》

●横浜市金沢区釜利谷東3-4-24

弘法大師が水不足に悩む住民を助けるために掘った井戸が院の付近に存在。赤茶けた水が出るので、古くから「赤井」と呼ばれる。弘法大師がこの赤い霊水で不動明王像を描き、お護摩のご祈祷をされたのが始まりと伝えられる。これが赤井山正法院の山号にもなり、赤井村という地名の起こりともなった。京急金沢文庫駅より徒歩約7分。

白木の福禄寿像を開帳。境内に福禄寿の石像もある

横浜金澤七福神コースマップ

南部市場駅
●アウトレットパーク
ベイサイドマリーナ
鳥浜駅
富岡総合公園
長昌寺（布袋尊）❶
富岡東
並木北駅
富岡八幡公園
湾岸線
357
❷ 富岡八幡宮（蛭子尊）
スタート
京急富岡駅
横浜紅谷
並木中央駅
並木
能見台駅
並木IC
幸浦駅
堀口能見台IC
京急線
横浜市金沢区
産業振興センター駅
シーサイドライン
福浦駅
寶蔵院（寿老人）❸
16
正法院（福禄寿）❼
県立金沢文庫
称名寺
柴漁港
市大医学部駅
ゴール
金沢文庫駅
君ケ崎
薬王寺
アピタ金沢文庫
海の公園柴口駅
八景島駅
海の公園
金沢区役所
金沢署
海の公園南口駅
八景島シーパラダイス
❹ 伝心寺（毘沙門天）
イオン
❺ 龍華寺（大黒天）
金沢漁港
瀬戸神社（弁財天）❻
洲崎町
金沢八景駅
瀬戸神社前
平潟町
瀬戸
平潟湾
金沢八景駅
野島公園駅
●野島公園
N
0 500m
立ち寄りスポット

京急富岡駅前「横浜紅谷」。横浜「ガチあま」金賞の豆大福は1個130円 ●横浜市金沢区富岡東6-1-7

七福神めぐりには「シーサイドライン」も利用できる

春は桜、秋は紅葉と景観が美しい観光スポット「称名寺」

国宝、重要文化財を含む資料を保管、展示する「県立金沢文庫」

COURSE 25

鎌倉・江の島七福神

古都鎌倉から景勝地・江の島をめぐる充実のコース

●かまくら・えのしましちふくじん

鎌倉の史跡探訪を兼ねて七福神をめぐる

昭和57（1982）年から始まった鎌倉・江の島七福神。関東随一の古都鎌倉と、湘南を代表する景勝地・江の島にある各寺社をめぐる。江の島は、鎌倉の武家政権と関わり合いの深い島。源頼朝が武家政権を樹立し、中世の政治の中心となった史跡探訪を兼ねて七福神をめぐるのも、鎌倉の楽しみ方のひとつとなっている。参詣地が8カ所になっているのは、鶴岡八幡宮と江島神社、2カ所に祀られた弁財天を参拝するため。

1 布袋尊 浄智寺《じょうちじ》

●神奈川県鎌倉市山ノ内1402

北条時頼の三男宗政の菩提を弔うため、夫人と子師時《もろとき》が創建。鐘楼門は珍しく、曇華殿《どんげでん》には本尊の三世仏如来坐像が安置されている。境内奥の洞窟にある布袋尊石像は等身大で迫力満点。

JR北鎌倉駅を下りた山間にある緑豊かな浄智寺

ご利益七福神グッズ

色紙のほか各寺社に記念品多数

手書きご朱印用の色紙は1000円、各寺社名が印刷された色紙は500円、御朱印は一寺社につき300円。ほかに御朱印帖（800円）や、掛け軸タトウ（七福神会事務局・500円）などがある。

歩行時間……約2時間10分　歩行距離……約9.2km

DATA

［エリア］神奈川県鎌倉市・藤沢市
［ご開帳&御朱印受付］
通年（各寺社による）
［問い合わせ］
鎌倉・江の島七福神会　☎0466-26-3028

境内社である旗上弁財天社は源氏池に浮かんでいる

② 弁財天 鶴岡八幡宮《つるがおかはちまんぐう》

●神奈川県鎌倉市雪ノ下2-1-31

源頼朝が鎌倉幕府を開く100年以上前の康平6（1063）年に、頼朝の先祖源頼義が源氏の氏神である京都の石清水八幡宮を由比郷鶴岡に勧請したのが始まり。政子夫人が源氏隆盛と平家滅亡を祈願し、境内の東西に池を作って東の池に旗上《はたあげ》弁財天を祀ったとされる。鎌倉彫刻の傑作である弁財天像は重要文化財指定。今は国宝館に安置。

③ 毘沙門天 宝戒寺《ほうかいじ》

●神奈川県鎌倉市小町3-5-22

鎌倉幕府滅亡後の建武2（1335）年、後醍醐天皇が足利尊氏に命じ、北条一族の霊を弔うために宝戒寺を建立。国宝的人材を育成、修行させるための円頓大戒《えんどんだいかい》（金剛宝戒）と天台密教の道場としての「戒壇院」が置かれた。本尊の木造地蔵菩薩坐像は重要文化財。本尊の左手に毘沙門天が祀られている。「萩の寺」としても有名。

秋には200株ともいわれる白萩が見事に咲き誇る

④ 寿老人 妙隆寺《みょうりゅうじ》

●神奈川県鎌倉市小町2-17-20

応永34（1427）年創建。六代将軍足利義教に投獄され、拷問で焼け鍋を被せられながらも信仰心を持って耐え「鍋かぶり上人」と呼ばれる日親上人《にっしんしょうにん》ゆかりの寺である。室町時代制作の本尊のほか、鎌倉市指定有形文化財の仏像もある。ケヤキ一本造りの寿老人像を安置。墓地には新劇界の團十郎といわれる丸山定夫の供養碑がある。

本堂手前の右側に、ケヤキ一本造りの寿老人を祀る

コースと所要時間

- スタート 北鎌倉駅 ●JR横須賀線
- 0.6km — 10分
- ① 浄智寺（布袋尊）
- 1.9km — 32分
- ② 鶴岡八幡宮（弁財天）
- 0.6km — 11分
- ③ 宝戒寺（毘沙門天）
- 0.4km — 7分
- ④ 妙隆寺（寿老人）
- 0.4km — 7分
- ⑤ 本覚寺（夷尊神）
- 0.5km — 9分
- ⑥ 長谷寺（大黒天）
- 0.5km — 9分 江ノ電 鎌倉駅から長谷駅経由（5分）
- ⑦ 御霊神社（福禄寿）
- 2.4km — 25分 江ノ電 長谷駅から江ノ島駅経由（18分）
- ⑧ 江島神社（弁財天）
- 1.2km — 20分
- ゴール 江ノ島駅 ●江ノ電

5 夷尊神 本覚寺《ほんかくじ》

●神奈川県鎌倉市小町1-12-12

本覚寺のある地は、もともと源頼朝が幕府の鬼門除けのために夷神を祀った夷堂《えびすどう》があったところで、永享8（1436）年、開山の日出が日蓮宗の寺とした。恵比寿は人が弓を持つ夷の文字で表され、鎌倉幕府の守り神のひとつとして祀られたといわれる。現在の夷堂は昭和56（1981）年に落成したコンクリート造りの八角堂である。

本堂には運慶作と伝わる本尊、釈迦三尊像がある

6 大黒天 長谷寺《はせでら》

●神奈川県鎌倉市長谷3-11-2

天平8（736）年の開創で、「長谷観音」の名で親しまれている。開山の徳道の願いによって一本のクスノキから彫られたという本尊の「木造十一面観音像」は高さ9・18mで日本最大級。経蔵裏のアジサイは全国的に有名。見晴台からは由比ヶ浜が一望できる。大黒堂には、「出世・開運授け大黒天」と「さわり大黒天」が安置されている。

鎌倉の西方極楽浄土と呼ばれる長谷寺。拝観料は400円

7 福禄寿 御霊神社《ごりょうじんじゃ》

●神奈川県鎌倉市坂ノ下3-17

目の前を江ノ電が走り、鉄道ファンによる撮影スポットともなっている御霊神社。平安時代に大庭《おおば》御厨《みくりや》を開発した領主鎌倉権五郎景政を祀り、景政の武勇伝から「目の神様」として親しまれている。景政の命日に行なわれる「面掛行列《めんかけぎょうれつ》」は県指定の文化財行事。その際に使われる十一面のひとつ、福禄寿の面を七福神として祀っている。

福禄寿が安置されている宝物庫拝観料は100円

8 弁財天 江島神社《えのしまじんじゃ》

●神奈川県藤沢市江の島2-3-8

欽明天皇の勅命で、洞窟（岩屋）に宮を建てたのが始まりとされる江島神社。琵琶湖の竹生《ちくぶ》島《しま》、安芸の宮島とともに日本三大弁財天のひとつに数えられる。岩屋には江島神社の発祥地とされる場所が残されており、各時代の高僧が修行に励んだ。弁財天堂には、重要文化財の八臂《はっぴ》弁財天と「裸弁財天」と親しまれる妙音《みょうおうん》弁財天が祀られている。

昭和45（1970）年建設の弁財天堂。拝観料200円

鎌倉・江の島七福神コースマップ

小田急江ノ島線
467
善行駅
本郷台駅
JR根岸線
柏尾川
大船駅
藤沢本町駅
藤沢市
JR東海道本線
富士見町駅
北鎌倉駅
藤沢駅
藤沢市役所
湘南町屋駅
スタート
本鵠沼駅
石上駅
湘南深沢駅
浄智寺（布袋尊）①
②鶴岡八幡宮（弁財天）
宝戒寺（毘沙門天）③
柳小路駅
467
西鎌倉駅
片瀬山駅
湘南モノレール
妙隆寺（寿老人）④
鵠沼海岸駅
鵠沼駅
鎌倉市
鎌倉大仏
鎌倉駅
鎌倉市役所
⑤本覚寺（夷尊神）
湘南海岸駅
目白山下駅
新江ノ島水族館
ゴール
江ノ島駅
長谷寺（大黒天）⑥
JR横須賀線
片瀬江ノ島駅
腰越駅
和田塚駅
由比ヶ浜駅
長谷駅
極楽寺駅
江ノ島電鉄線
134
江の島ヨットハーバー
鎌倉高校前駅
七里ヶ浜駅
七里ヶ浜
稲村ヶ崎駅
十一人塚
⑦御霊神社（福禄寿）
江ノ島⑧
江島神社（弁財天）
相模湾
立ち寄りスポット
N
0
1km

「鶴岡八幡宮」の東の池の蓮は極楽浄土を思わせる

鎌倉から江ノ島方面へは「江ノ電」を利用すると便利

江島神社参道沿いにある「元祖紀乃國屋本店」。きなこだんごは一串140円 ●藤沢市江の島2-1-12

「鎌倉大仏」は高さ12.38m、総重量121トン。拝観料300円

新田義貞の鎌倉攻めで討死した11人を葬る「十一人塚」

埼玉県
草加市

COURSE
26

草加宿七福神

●そうかじゅくしちふくじん

草加せんべいをかじりながら、気軽に歩ける散策コース

日光街道を旅した芭蕉の面影をたどる

江戸時代に栄えた宿場町、草加宿《そうかしゅく》ができたとされるのは寛永7（1630）年。松尾芭蕉をはじめ、日光街道を歩んだ旅人が目にした歴史の面影が今も色濃く残る。七福神めぐりは、平成13（2001）年にスタート。旧街道周辺の寺社にクスノキを彫った30㎝ほどの七福神が配置され、宝船を加えた8カ所が正月期間に開帳される。芭蕉像がある札場河岸《ふだばかし》公園や矢立橋など見所が多く、草加せんべいを食べながら歩くのもいい。

1 布袋尊 回向院《えこういん》

●埼玉県草加市高砂1-7-14

諸説あるが、草加宿の開宿まもない江戸時代初期に開創。本堂には阿弥陀三尊が祀られ、外陣には貧しい子どもに教育を与えた呑龍《どんりゅう》上人像がある。お正月期間は布袋尊がご開帳される。

草加市市役所の近く、親しみやすい雰囲気の本堂

ご利益七福神グッズ

スタンプラリーにチャレンジ

例年1月1日～7日のお正月期間、草加市観光協会によるスタンプラリーを開催。各寺社で台紙が配られ、それぞれの本堂や社殿と福神の姿が表現されたスタンプが設置されている（すべて無料）。好きな順路でまわってOKだ。

歩行時間……約1時間10分　歩行距離……約4.1km

DATA

[エリア] 埼玉県草加市
[ご開帳&御朱印受付]
1月1日～7日　9:00～16:00
[問い合わせ]
草加市観光協会事務局（草加市文化観光課内）
☎048-922-0151

寿老人

② 三峰神社《みつみねじんじゃ》

●埼玉県草加市高砂2-21-27

日光街道沿いの、まるで庭先の一角にあるような小さな祠が三峰神社だ。秩父三社のひとつ三峯神社の分社とされ、神の遣いとされているオオカミ、いわゆる「オイヌサマ」が祀られている。お正月期間は、祠の左横に設置されているケースの中に、南極星の化身といわれる寿老人の木像がある。穏やかで温かな微笑みで迎えてくれる。

狭い神社なので、混んでいればスタンプ待ちすることも

恵比寿

③ 八幡神社《はちまんじんじゃ》

●埼玉県草加市高砂2-20-7

この神社は享保年間（1716～1736）に創建された後、草加宿下3丁の鎮守となったと「草加見聞史全」に記されている。社殿内には草加宿武蔵屋の野口金蔵が描いた龍の天井絵がある。また、びっくりするほど迫力のある雌雄一対の獅子頭（市指定文化財）もある。恵比寿神の像も立派な鯛を釣り上げて喜んでおり、ありがたさも倍増だ。

商店街の道路沿いに立つ、鳥居をくぐって社殿へ

大黒天

④ 氷川神社《ひかわじんじゃ》

●埼玉県草加市住吉1-11-67

八幡神社から商店街をまっすぐ進み、草加小学校前の信号の手前で左の路地へ。その突き当たりに、近所の人がふらっと立ち寄るような小さな氷川神社がある。境内の右手に祠があり、これを地元では「ヘイナイサマ」と呼ぶ。26cmほどの憤怒の形相をした石造りの小僧である。大黒天は、正面右手の小さな社の中に安置されている。

右手のミニ社の格子戸内に大黒天が祀られている

コースと所要時間

スタート　草加駅　●東武伊勢崎線（東武スカイツリーライン）

0.4km ― 7分

① 回向院（布袋尊）

0.3km ― 5分

② 三峰神社（寿老人）

0.3km ― 5分

③ 八幡神社（恵比寿）

0.4km ― 7分

④ 氷川神社（大黒天）

0.4km ― 7分

⑤ 谷古宇稲荷神社（福禄寿）

0.8km ― 13分

⑥ 出世弁財天（弁財天）

0.5km ― 9分

⑦ 神明宮（七福神宝船）

0.3km ― 5分

⑧ 東福寺（毘沙門天）

0.7km ― 12分

ゴール　草加駅　●東武伊勢崎線（東武スカイツリーライン）

社殿の中で、桃を持った頭の長い福禄寿がご開帳される

5
福禄寿
谷古宇稲荷神社《やこういなりじんじゃ》
●埼玉県草加市神明2-2-42

腰をおろして休める、おせん茶屋公園でひと休み。草加消防署の手前で路地を右へ、住宅地の奥まったところにある「お稲荷さん」がこの神社。草加宿の開宿の役割を担った旧谷古宇《やこう》村の鎮守社で、社前には宿で働く女人たちが奉納した「母子の狐像」と「それを見守る雄狐像」が一対をなしている。ここでは福禄寿が迎えてくれる。

6
弁財天
出世弁財天《しゅっせべんざいてん》
●埼玉県草加市松江3-27-25

このコースの絶景ポイントはここからスタート。札場《ふだば》河岸《かし》公園の「松尾芭蕉像」や「望楼」を過ぎると、美しい太鼓橋型の矢立橋が見えてくる。上ってみると草加松原の眺めが素晴らしい。その後は、綾瀬川を渡り出世弁財天へ。のどかな道脇の素朴な祠に、きれいな顔立ちの弁天様が祀られ、人々の出世への願いを受け止めてくれる。

朱色のミニ階段と鳥居が目印だ

素朴で開放的な雰囲気の拝殿

7
七福神宝船
神明宮《しんめいぐう》
●埼玉県草加市神明1-6-17

おせん茶屋公園の「草加せんべい発祥の地碑」の先にある神明宮。元和元（1615）年建立、約100年後にこの地に移り草加宿の総鎮守となった。その頃から庶民の生活を支えた市が開かれ「市神・神明宮」と呼ばれる。正月期間は七福神宝船のスタンプが押印できる。近くの無料休憩所「草加宿神明庵」でお茶がふるまわれる。

8
毘沙門天
東福寺《とうふくじ》
●埼玉県草加市神明1-3-43

江戸時代に草加宿を開宿した、〝草加宿の祖〟といわれる大川図書《ずしょ》が創建。本堂は地域最大で、お不動様も一見の価値がある。境内には「持ち上げ不動尊」「ふれあい仏足石」が並ぶ。正月期間には凛々しい姿の毘沙門天が開帳される。例年、1月3日※には境内で甘酒がふるまわれる。近くに老舗「元祖 源兵衛せんべい」があるので寄ってみたい。

※午前10時～（なくなり次第終了）

山門、本堂外陣欄間、鐘楼は市の指定文化財だ

草加宿七福神コースマップ

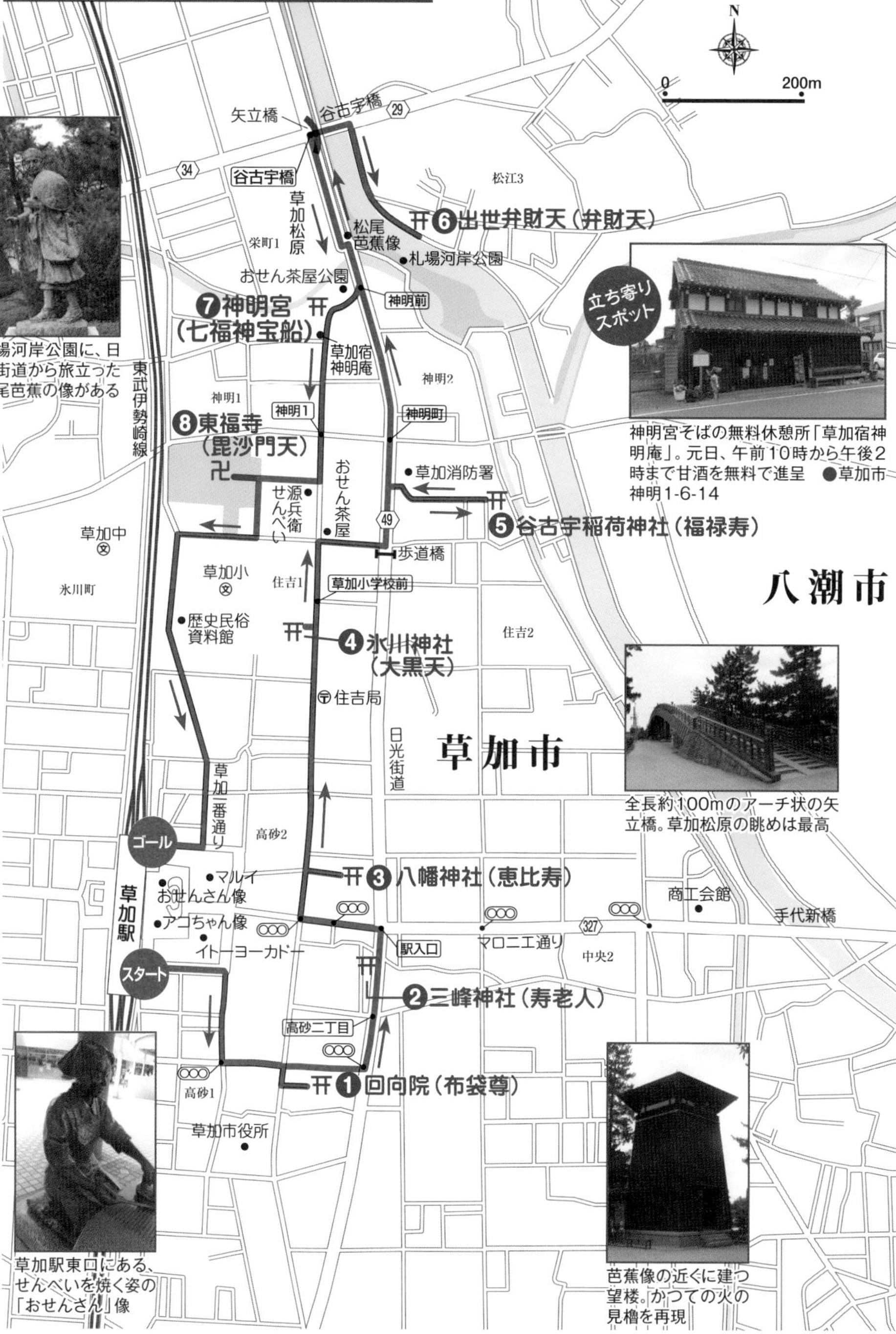
N
0
200m
谷古宇橋
矢立橋
29
34
谷古宇橋
松江3
草加松原
栄町1
松尾芭蕉像
⛩❻出世弁財天（弁財天）
札場河岸公園
おせん茶屋公園
❼神明宮（七福神宝船）
神明前
草加宿神明庵
神明2
神明1
神明1
神明町
❽東福寺（毘沙門天）
東武伊勢崎線
草加消防署
源兵衛せんべい
おせん茶屋
49
❺谷古宇稲荷神社（福禄寿）
草加中
歩道橋
草加小
住吉1
草加小学校前
八潮市
氷川町
歴史民俗資料館
❹氷川神社（大黒天）
住吉2
住吉局
日光街道
草加市
草加一番通り
ゴール
高砂2
❸八幡神社（恵比寿）
マルイ
おせんさん像
草加駅
商工会館
アコちゃん像
手代新橋
327
マロニエ通り
駅入口
イトーヨーカドー
中央2
スタート
❷三峰神社（寿老人）
高砂二丁目
❶回向院（布袋尊）
高砂1
草加市役所
立ち寄りスポット

札場河岸公園に、日光街道から旅立った松尾芭蕉の像がある

神明宮そばの無料休憩所「草加宿神明庵」。元日、午前10時から午後2時まで甘酒を無料で進呈　●草加市神明1-6-14

全長約100mのアーチ状の矢立橋。草加松原の眺めは最高

草加駅東口にある、せんべいを焼く姿の「おせんさん」像

芭蕉像の近くに建つ望楼。かつての火の見櫓を再現

COURSE 27

武洲与野七福神

●ぶしゅうよのしちふくじん

かつての鎌倉街道沿いに七福神仮装パレードがねり歩く

街道沿いの歴史と近代化のはざまを歩く

21世紀初めに浦和市・大宮市などが合併してできたさいたま市。その中央区はかつての与野市で、鎌倉街道（現在の本町通り）沿いに歴史ある寺社が点在し、お正月の七福神めぐりが伝統として息づいている。

コースにはのんびり感が漂うが、さいたま新都心が見えてくると異空間に入った気分になる。例年、1月3日の七福神に仮装した「七福神パレード」が有名で、多くの人が沿道で見学する。

ご利益七福神グッズ

イラストの御朱印色紙や可愛いグッズに注目

お正月期間、各寺社で朱印帳に御朱印（各300円）を受けられる。イラスト色紙（1000円）には押印（各100円）を集めよう。便利なパンフレット「武州与野七福神めぐり」は無料配布。一山神社などグッズが豊富な寺社では、七福人キーホルダーなどが人気。

歩行時間……約1時間40分　歩行距離……約5.9km

DATA

[エリア] さいたま市中央区
[ご開帳&御朱印受付]
1月1日～3日　9:00～16:00
[問い合わせ]
与野七福神パレード実行委員会
☎048-853-9798

① 毘沙門天 鈴谷大堂《すずやだいどう》

●さいたま市中央区鈴谷8-4

入口にある六地蔵は寛文7（1667）年建立。境内の碑によると「鈴谷大堂は村民持ちの佛堂で建立年は不明だが六地蔵の銘文から江戸前期には存在していたことがわかる」とある。人々に愛され続けているお堂で、江戸中期に焼失した際も鈴谷村の人々が寄付をし合って再建したという。阿弥陀如来像とともに毘沙門天が祀られている。

お堂内には、白木の木造の毘沙門天が祀られている

② 布袋尊 円福寺《えんぷくじ》

●さいたま市中央区上峰4-7-28

さいたま芸術劇場前の通りから右へ入ると、山門前でニッコリ顔の布袋尊の石像が迎えてくれる。このお寺は室町時代からの古刹で、江戸初期になって徳川家康の重臣・本多正信がここに移築したと伝えられる。木造阿弥陀如来像が安置された本堂から、ちょっと右手へ進んでみよう。ますますニコニコ顔の布袋尊がお堂の前で待っている。

山門前も境内も、どちらの布袋尊も福々しい

③ 大黒天 円乗院《えんじょういん》

●さいたま市中央区本町西1-13-10

本町通りを北に進むと、左手に立派なお寺が現れる。鎌倉幕府の武将・畠山重忠《はたけやましげただ》が建久年間（1190〜1198）に創建、慶長年間（1596〜1615）に移建したと伝えられる。徳川家光が発令した公的文書である朱印状が残る、由緒正しいお寺だ。高さ30mの多宝塔は、日本で3番目の大きさ。その隣のお堂前に大黒天の石像が立つ。

多宝塔は高野山金剛峯寺、根来寺に次ぐ大塔だ

コースと所要時間

スタート 与野本町駅 ●JR埼京線

0.7km — 12分

1 鈴谷大堂（毘沙門天）

0.9km — 15分

2 円福寺（布袋尊）

0.8km — 14分

3 円乗院（大黒天）

0.3km — 5分

4 天祖神社（寿老神）

0.2km — 3分

5 御嶽社（弁財天）

0.9km — 15分

6 （山神社（恵比須神）

0.8km — 13分

7 氷川神社（福禄寿）

1.3km — 23分

ゴール 北与野駅 ●JR埼京線

寿老神

4 天祖神社《てんそじんじゃ》

●さいたま市中央区本町西1-14

本町通りから、美しいバラ園で知られる与野公園へ向かおう。入口から右の方へ進むと赤い鳥居がある。境内に「文化2（1805）年に天下泰平、国家安全を祈念した」という石碑が残るこの神社は、平成15（2003）年に社殿を焼失。今はこぢんまりしたお堂に天照皇大神《あまてらすおおみかみ》が祀られ、拝殿前には寿老神の石像が立っている。

緑に囲まれた天祖神社の寿老神は、桃を持って立つ

弁財天

5 御嶽社《おんたけしゃ》

●さいたま市中央区本町西2-5

天祖神社から左へ行くと、噴水のある池に「銭洗い弁天」がある。ここでお金を清め、開運橋を渡って与野公園の北側に出ると、御嶽社の鳥居が見える。このコースの弁財天は二度栗山の弘法尊院に祀られていたが、ここ御嶽社に変わった。江戸時代に木曽御嶽講祖の一人、一心行者によって開山。境内にはきれいな弁財天の石像が安置された。

弁財天の奉安記念に、柚30本が裏山に植樹された

恵比須神

6 一山神社《いっさんじんじゃ》

●さいたま市中央区本町東4-10-14

毎年冬至の「ゆず祭り」では、1年の災厄を清める焚き上げ神事が行われ、迫力ある火渡り行事に人々が集う一山神社。嘉永年間（1848～1854）に、木曽《きそ》御嶽山《おんたけさん》に対する信仰を継ぐ木曽御嶽講中が創建。4大講祖の一人、一山行者ゆかりの神社である。茂った木々の奥の社殿に、八幡様と福徳の神として恵比須神を祀っている。

神秘的な雰囲気の社殿。社務所にはグッズが充実

福禄寿

7 氷川神社《ひかわじんじゃ》

●さいたま市中央区本町東6-7

古来与野の氏神様で、樹齢約500年のけやきの大木に囲まれた、創建年代も定かでないほど古くからあるという氷川神社。境内が鳥居から本殿に向かって末広がりになっていることから、「扇《おうぎ》の宮」と呼ばれていた。市内最古の神輿が保存され、街に繁栄をもたらせる福禄寿が祀られている。例年1月3日の七福神パレードはここからスタート。

例年パレードは11時～14時頃まで七福神をめぐる

武洲与野七福神コースマップ
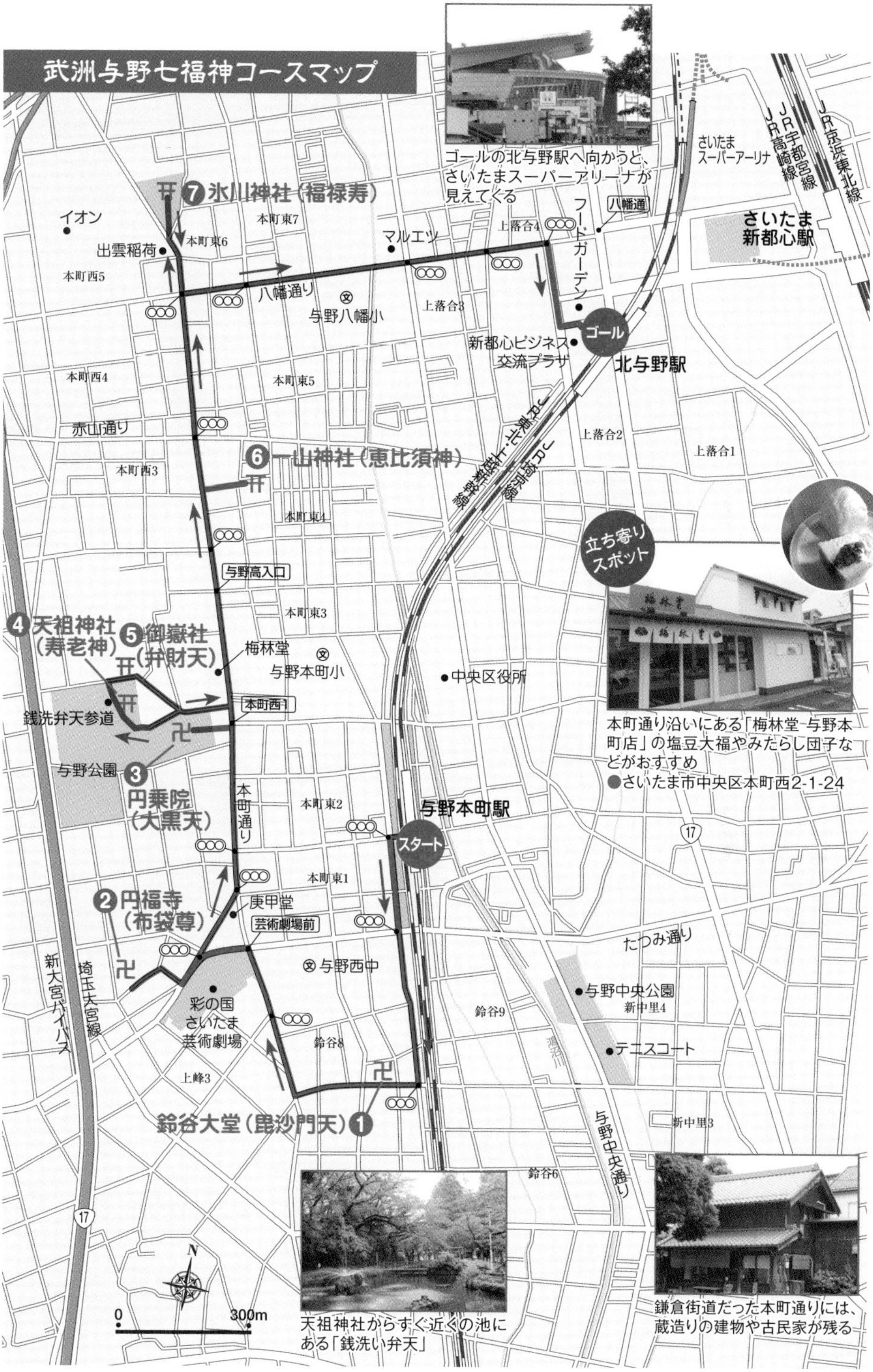
7 氷川神社（福禄寿）
6 一山神社（恵比須神）
4 天祖神社（寿老神）
5 御嶽社（弁財天）
3 円乗院（大黒天）
2 円福寺（布袋尊）
鈴谷大堂（毘沙門天）1
スタート
ゴール
与野本町駅
北与野駅
さいたま新都心駅
さいたまスーパーアーリナ
JR高崎線
JR宇都宮線
JR京浜東北線
JR埼京線
JR東北・上越新幹線
イオン
出雲稲荷
マルエツ
フードガーデン
新都心ビジネス交流プラザ
八幡通り
八幡通
赤山通り
本町通り
与野高入口
本町西1
芸術劇場前
梅林堂
与野本町小
与野八幡小
中央区役所
銭洗弁天参道
与野公園
庚甲堂
彩の国さいたま芸術劇場
与野西中
与野中央公園
テニスコート
たつみ通り
与野中央通り
新大宮バイパス
埼玉大宮線
鴻沼川
17
本町東7
本町東6
本町東5
本町東4
本町東3
本町東2
本町東1
本町西5
本町西4
本町西3
上落合4
上落合3
上落合2
上落合1
鈴谷9
鈴谷8
鈴谷6
上峰3
新中里4
新中里3
立ち寄りスポット
N
0
300m

ゴールの北与野駅へ向かうと、さいたまスーパーアリーナが見えてくる

本町通り沿いにある「梅林堂 与野本町店」の塩豆大福やみたらし団子などがおすすめ
●さいたま市中央区本町西2-1-24

天祖神社からすぐ近くの池にある「銭洗い弁天」

鎌倉街道だった本町通りには、蔵造りの建物や古民家が残る

埼玉県
川越市

COURSE 28

城下町の風情漂う〝蔵の街道〟を歩く大人気コース

小江戸川越七福神

●こえどかわごえしちふくじん

江戸情緒を色濃く残す 川越をぐるりと探訪

古くから七福神を祀る寺院が多かったという川越。大江戸（東京）に対し「小江戸」と呼ばれ、商人は豪壮な蔵造りの商家を競って建て、人々は商売繁盛、諸願成就を日々七福神に祈願した。そんな川越で、昭和61（1986）年に小江戸川越七福神霊場会が活動をスタート。「蔵造りの町並み」「時の鐘」「菓子屋横丁」など観光ポイントも目白押しの七福神めぐりコースを整えた。今では正月期間以外にもめぐる人が増えている。

ご利益七福神グッズ

ゴールドのご分体が輝く絵馬や鮮やかなイラストの手ぬぐい

川越のシンボル〝時の鐘〟の色紙（300円）に、各寺院の御朱印（100円）を受けよう。金色のご分体（各300円）は絵馬（900円）に貼って完成。以上はご縁日（正月期間、毎月1日）以外は完成品の授与となる。七福神手ぬぐい（500円）もある。

歩行時間……約1時間40分　歩行距離……約6.0km

DATA

[エリア] 埼玉県川越市
[ご開帳&御朱印受付]
1月1日〜7日、毎月1日　9:00〜16:00
[問い合わせ]
小江戸川越七福神霊場会（天然寺内）☎049-222-6151

階段上の本堂に、黒い勇壮な毘沙門天が祀られている

① 毘沙門天 妙善寺《みょうぜんじ》

●埼玉県川越市菅原町9-6

川越駅から進み、道路左脇の「毘沙門天入口」の看板から路地へ入ると、近代的なお寺がある。寛永3（1626）年に尊能により創建。江戸中期の火災で焼失してから仮堂だったが、檀徒たちの念願がかなって昭和の末に再建された。本殿には本尊の不動明王とともに、毘沙門天の木像が祀られている。境内には、川越さつまいも地蔵尊も。

本堂右手の渡り廊下の向こうに寿老人のお堂がある

② 寿老人 天然寺《てんねんじ》

●埼玉県川越市仙波町4-10-10

国道16号に出てすぐ左手にある天然寺。室町時代の天文23（1554）年の創建。無病息災の木造大日如来《だいにちにょらい》坐《ざ》像《ぞう》が本尊で、さまざまな願いをかなえるという願掛観音も祀られている。境内は心やすらぐ雰囲気。寿老人は古くは彦根智教寺に安置されていたもので、縁あってこのお寺の小堂に。ガラス戸を通していつでもお参りできる。

本堂右に大黒天堂がある。境内の厄よけ団子がおいしい

③ 大黒天 喜多院《きたいん》

●埼玉県川越市小仙波町1-20-1

広大な境内に巨大な本堂。平安時代より1200年以上の歴史を刻むこの寺院。寛永15（1638）年の川越大火で焼失したが、時の将軍・徳川家光が江戸城内の家光誕生の間や、春日局化粧の間を移築し再建。日本三大羅漢のひとつである五百羅漢や、1月3日のだるま市で有名。大黒天は「開運出世大黒尊天」と呼ばれ信仰を集める。

コースと所要時間

スタート **川越駅** ●JR川越線、東武東上線
0.3km — 5分
① **妙善寺**（毘沙門天）
1.0km — 17分
② **天然寺**（寿老人）
1.5km — 25分
③ **喜多院**（大黒天）
0.2km — 3分
④ **成田山**（恵比寿天）
0.7km — 12分
⑤ **蓮馨寺**（福禄寿神）
0.8km — 13分
⑥ **見立寺**（布袋尊）
0.7km — 12分
⑦ **妙昌寺**（弁財天）
0.8km — 13分
ゴール **川越市駅** ●東武東上線

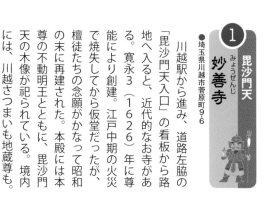

4 恵比須天
成田山《なりたさん》

●埼玉県川越市久保町9-2

本山は千葉の成田山新勝寺。その別院であり、本尊は不動明王だ。失明した開祖が不動明王に祈願して回復したという言い伝えから、病気平癒のご利益があるといわれている。境内の池にはびっくりするほど多くの亀がいて、〝亀のいるお不動様〟と親しまれている。毎月28日の蚤の市も人気。恵比須天のいるお堂には大黒天も並んでいる。

本堂の右手前の小堂に、恵比須天や大黒天が並ぶ

5 福禄寿神
蓮馨寺《れんけいじ》

●埼玉県川越市連雀町7-1

清々しい空気感が漂うお寺。北条時代の川越城将であった大道寺政繁が、母のために建立した寺。また、江戸初期の高僧で、貧しい子供たちをあずかった呑《どん》龍上人《りゅうしょうにん》を祀る「呑龍堂」もある。目を引くのは、〝さわってなでるとすぐなおる〟という釈迦の弟子「おびんずる様」像。さらに、頭の長い福禄寿神像にお参りすると、心が晴れやかに。

本堂右脇のガラス窓の向こうに、福禄寿像が鎮座している

6 布袋尊
見立寺《けんりゅうじ》

●埼玉県川越市元町2-9-11

観光客でにぎわう「蔵造りの町並み」や「菓子屋横丁」を抜けると、川沿いの見立寺に着く。豊臣秀吉の書に「武州川越蓮馨《れんけい》寺《じ》同門前見立寺《けんりゅうじ》」と記される古くからの寺だが、蓮馨寺門前からいつ移ってきたか不明。何度か焼失し古文書も残っていないためだ。現在の本堂が建ったのは明治14（1881）年。境内の小堂で布袋尊が迎えてくれる。

本堂の右手前に小さな布袋尊堂がある

7 弁財天
妙昌寺《みょうしょうじ》

●埼玉県川越市三光町29

東京にある大本山池上本門寺の末寺として、今から600余年前の永和元（1375）年に開創。その後、200余年前の江戸時代の城下町整備でこの地に移った。弁財天は、本堂の左手の坂を下った「経ヶ嶋辨財天」に祀られている。説明板に室町時代に弁財天が祀られた事始めと、守護神として愛された経緯が書いてあるのでご一読を。

説明板には、弁財天に寄せられた江戸時代の和歌が記されている

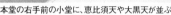

小江戸川越七福神コースマップ

立ち寄りスポット
蔵造りの町並みに建つ「かつおぶし中市本店」の「ねこまんま焼きおにぎり」(250円)は絶品。かつお、いわしの2種類あり ●川越市幸町5-2
元町2
札の辻
元町1
●川越市役所
菓子屋横丁
石原橋
元町局
蔵造り資料館
見立寺(布袋尊)6
●時の鐘
新河岸川
末広町3
時の鐘入口
蔵造りの町並み
幸町
中市本店
末広町2
星野高
妙養寺
仲町
妙昌寺7(弁財天)
末広町1
大正浪漫夢通り
松江町2
久保町
喜多院入口
月吉町
蓮馨寺5(福禄寿神)
松江町
六軒町2
連雀町
●川越歴史博物館
成田山(恵比須天)4
六軒町
●日枝神社
松江町1
中原町1
小仙波町1
小仙波町3
川越市駅入口
喜多院(大黒天)3
川越女子高
川越総合高
ゴール
小仙波町4
川越市駅
中原町2
本川越駅
小仙波町5
JR川越線
懐かしい味がいっぱいの「菓子屋横丁」を通って見立寺へ
川越一中
入間川街道
新富町2
仙波町1
仙波町3
川越市
アカシア通り
天然寺(寿老人)2
西武新宿線
三番町
脇田町
約400年前からの川越のシンボル「時の鐘」。明治の川越大火の翌年に再建された
川越駅入口(車)
仙波会館
仙波町2
スタート
ルミネ
マイン
川越駅
仙波町4
菅原町
16
254
1 妙善寺(毘沙門天)
東武東上線
N
0
300m
小江戸の豪商パワーを伝える「蔵造りの町並み」

千葉県
市川市

COURSE
29

全行程約20キロにもおよぶロングコース

市川七福神

●いちかわしちふくじん

江戸の香りを満喫。
伝統工芸品に出合う！

市川市は昔から「文化都市」といわれ、国分寺や中山法華経寺など、数多くの歴史遺産がある。街にひきつけられた文人も多く、ゆかりの文豪の足跡もあちこちにある。また江戸の香りを残す伝統工芸品に出合うこともできるのが特徴だ。ただし市川七福神は約20キロにおよぶロングコース。効率的に移動するには車でめぐるのも一考だが、駐車場のない寺社も。特に正月期間は混み合うので公共交通機関を使用するのがおすすめ。

ご利益七福神グッズ

専用の色紙に各寺院よりありがたい御朱印をいただく

各寺院で七福神をお参りした際に御朱印を押してもらう専用の御朱印紙を用意している。御朱印紙は100円～1,000円、御朱印は300円～500円、セット販売する寺院もある（約300円）。ご利益グッズは御朱印だけなので一層ありがたみが感じられる。

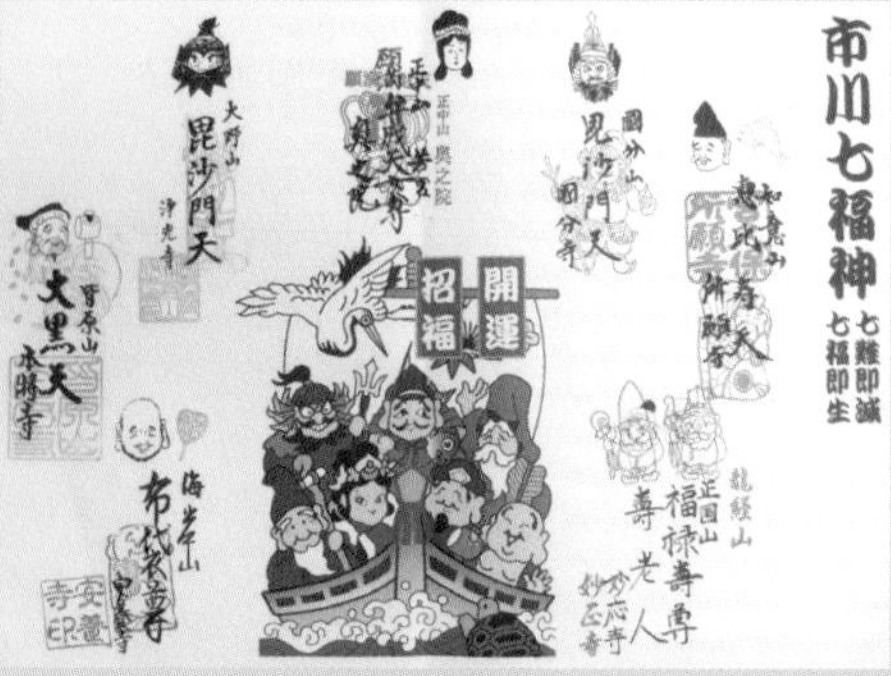

歩行時間……約5時間10分　歩行距離……約19.3km

DATA

［エリア］千葉県市川市
［ご開帳&御朱印受付］
通年　9:00～17:00（奥之院は16:00まで）
［問い合わせ］
市川市観光協会　☎047-711-1688

① 毘沙門天 下総国分寺《しもふさこくぶんじ》

●千葉県市川市国分3-20-1

天平13（741）年、聖武天皇が仏教によって世の中の不安を鎮めるために、全国各地に国分寺・尼寺を建立。下総国分寺は、下総の国府近くの当地に建立された。境内には、毘沙門天の石像や国分五郎の供養塔、坂井久良伎の句碑などがある。バスで行く場合はJR市川駅北口から国分高校行きバス「国分」下車、徒歩約4分。

朱色のきれいな南大門が印象的。本尊は薬師如来

② 恵比寿天 所願寺《しょがんじ》

●千葉県市川市宮久保4-12-3

寛文6（1666）年の創建。開山は常修院日常上人、開基に禅那院日忠上人《ぜんないんにっちゅうしょうにん》を仰ぐ。所願寺貝塚として市跡にも指定されている。恵比寿天の石像を、本堂向かいに南無聖観世音菩薩と並べて安置。周辺は丘陵地帯で高低差が激しく、交通量が多い。JR総武線・本八幡駅下車、高塚・大野行京成バスに乗り「宮久保坂上」下車、徒歩約1分。

南無聖観世音菩薩の左側に恵比寿の石像がある

③ 大黒天 本将寺《ほんしょうじ》

●千葉県市川市大野町2-919-1

この地には平将門の出城があったとされることから、名前に「将」が含まれていると言われる。鎌倉時代の正応5（1292）年に日蓮聖人の直弟子、日宝《にっぽう》上人《しょうにん》が開山。日宝上人は地元の豪族曽谷氏の一族で、日蓮聖人が現在の中山法華経寺で説教しているのを聞きいて本将寺を開いた。JR武蔵野線「市川大野駅」から徒歩約10分。

愛嬌たっぷりの大黒天の石像が安置されている

コースと所要時間

スタート 市川真間駅 ●京成本線

2.2km ― 35分

1 下総国分寺（毘沙門天）

2.8km ― 45分

2 所願寺（恵比寿天）

2.0km ― 30分

3 本将寺（大黒天）

1.0km ― 15分

4 浄光寺（毘沙門天）

3.1km ― 50分

5 妙正寺（福禄寿・寿老人）

2.2km ― 35分

6 奥之院（弁財天）

5.4km ― 90分

7 安養寺（布袋尊）

0.6km ― 10分

ゴール 原木中山駅 ●東京メトロ東西線

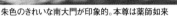

④ 毘沙門天
浄光寺《じょうこうじ》

●千葉県市川市大野町3-1917

平安時代末、平将門がこの地に城を築いたときに、毘沙門天を安置するお堂を創建したのが起源。入口から入り、左手に石造の毘沙門天、正面に雄大な仁王門が立つ。吽形《あぎょう》の仁王像は市川市の有形重要文化財。敷地内に浄光寺幼稚園があり、活気あふれる子供たちの声が響く。JR武蔵野線「市川大野駅」から徒歩約5分。

市川七福神に二つある毘沙門天のうちの一つを祀る

⑤ 福禄寿・寿老人
妙正寺《みょうしょうじ》

●千葉県市川市北方町4-2122

「妙正大明神《みょうしょうだいみょうじん》」―児護りと疫病からの守護を日蓮聖人に約束した桜と龍の女神―発祥の古刹。鎌倉時代の文應元（1260）年に開創、750年以上の歴史がある。「桜之霊場」の別名を持ち、春には桜が満開となる。福禄寿と寿老人を祀っている。本堂は平成22（2010）年に改築された。JR武蔵野線「船橋法典駅」から徒歩約12分。

福禄寿と寿老人像がニッコリと仲よく並んでいる

⑥ 弁財天
奥之院《おくのいん》

●千葉県市川市若宮2-21-1

もと下総国八幡の庄谷中郷若宮戸の領主・富《と》木《ぎ》常忍《じょうにん》の邸内の持仏堂で、妙蓮山法華寺といった。中山の本妙寺と合寺、法華経寺となり、ここは奥之院と称されるようになった。境内には、弁財天の小さな祠と石像が安置されている。この弁財天は、西に500mほどのところにある中山法華経寺の宇賀徳正神と表裏の関係にあるといわれる。

弁財天は中山法華経寺の宇賀徳正神と表裏の関係

⑦ 布袋尊
安養寺《あんようじ》

●千葉県市川市高谷2-16-35

天文3（1534）年建立。昭和48（1973）年に弘法大師誕生1200年を記念した本堂改修の際、住職が巡拝して勧請した四国八十八札所各寺の石を本堂の回廊に埋め込んだ。それを裸足で踏んでお参りすることから「はだし大師」と呼ばれる。境内に立つ福々しい布袋尊像も裸足。東京メトロ東西線「原木中山駅」から徒歩約10分。

本堂のすぐ前に布袋の石像を安置している

市川七福神コースマップ

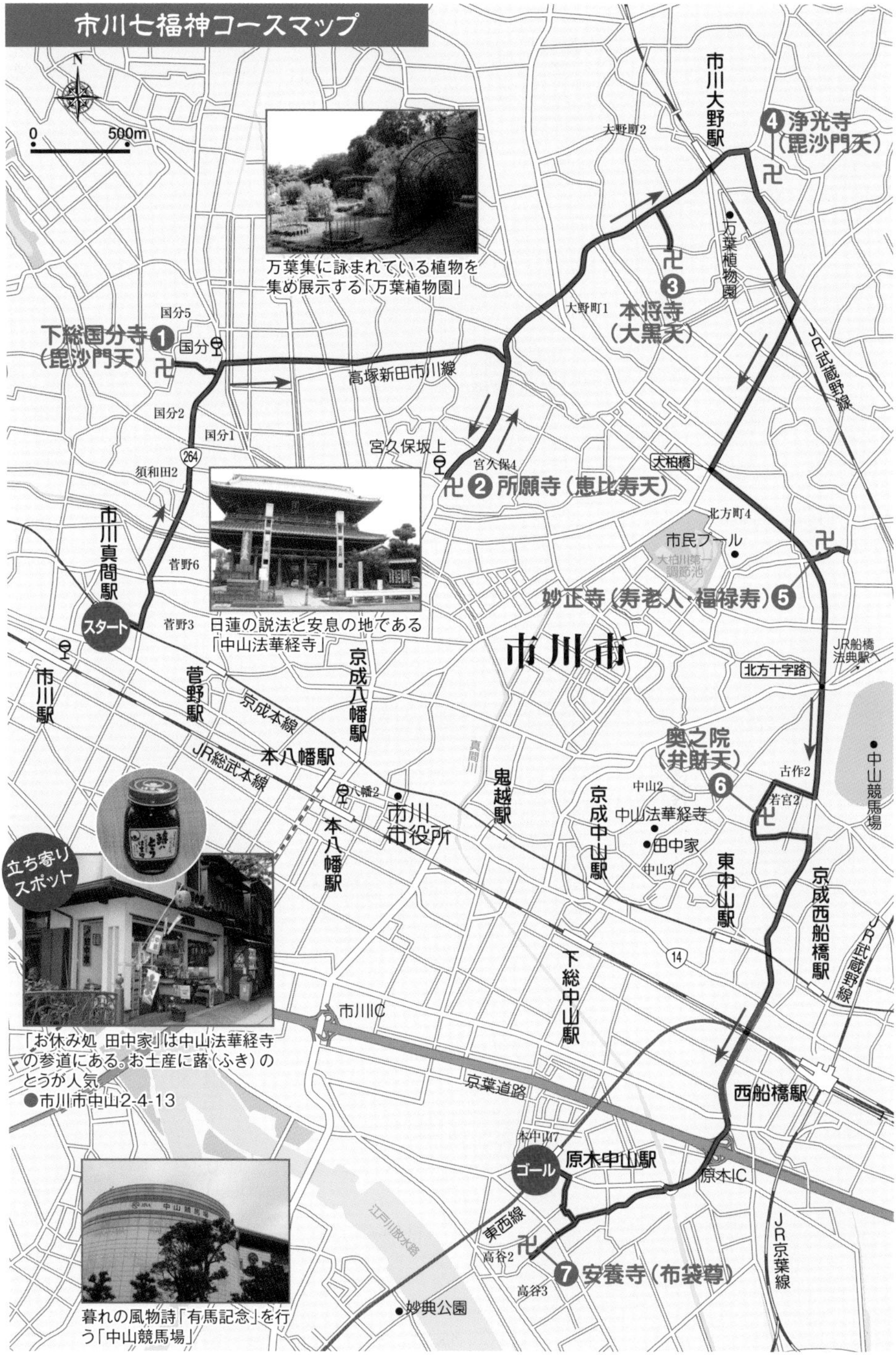

0
500m
N
市川大野駅
大野町2
4 浄光寺（毘沙門天）
万葉植物園
3 本将寺（大黒天）
大野町1
JR武蔵野線
国分5
下総国分寺 1（毘沙門天）
国分
高塚新田市川線
国分2
国分1
264
宮久保坂上
宮久保4
2 所願寺（恵比寿天）
大柏橋
北方町4
須和田2
市川真間駅
菅野6
市民プール
大柏川第一調節池
妙正寺（寿老人・福禄寿）5
スタート
菅野3
市川市
JR船橋法典駅へ
北方十字路
市川駅
菅野駅
京成八幡駅
京成本線
JR総武本線
本八幡駅
真間川
鬼越駅
奥之院（弁財天）
6
中山競馬場
古作2
八幡2
市川市役所
本八幡駅
中山2
京成中山駅
若宮2
中山法華経寺
田中家
中山3
東中山駅
京成西船橋駅
立ち寄りスポット
14
下総中山駅
JR武蔵野線
市川IC
京葉道路
西船橋駅
本中山7
ゴール
原木中山駅
原木IC
東西線
江戸川放水路
高谷2
7 安養寺（布袋尊）
高谷3
JR京葉線
妙典公園

万葉集に詠まれている植物を集め展示する「万葉植物園」

日蓮の説法と安息の地である「中山法華経寺」

「お休み処 田中家」は中山法華経寺の参道にある。お土産に蕗（ふき）のとうが人気
●市川市中山2-4-13

暮れの風物詩「有馬記念」を行う「中山競馬場」

千葉県
佐倉市

COURSE 30

ロマン漂う豊富な史跡に思いを馳せて福の神をめぐる

佐倉七福神

●さくらしちふくじん

江戸時代、城下町として活気にあふれた佐倉

佐倉は武家屋敷、佐倉城址公園、旧堀田邸などがあり、歴史ロマン漂う史跡の多い町。江戸時代は城下町として活気にあふれた。ゆっくりとウォーキングを兼ねてめぐりたい。嶺南寺の一面八臂《はっぴ》の弁財天や、大聖院の剣を持った大黒天（秘仏で非公開）などのようにめずらしく貴重なご神体があるのも特徴。また、「手づくり工房さくら」と「甘味処いちおか」では、御朱印の代行業務を実施。訪れた人々の休憩所としても利用できる。

ご利益七福神グッズ

七福神をめぐれない場合でも御朱印を代行してもらえる

各寺社に、御朱印紙(400円)の用意があるので、御朱印を押してもらう。1神を祀っている嶺南寺、甚大寺、宗圓寺、松林寺、妙隆寺は各200円。2神を祀っている大聖院、麻賀多神社での御朱印は300円になる。すでに全寺社の押印がなされた完成版の御朱印紙(2000円)を、「手づくり工房さくら」と「甘味処いちおか」で入手することも可能。両店では御朱印の代行業務を行っているので、都合によりまわれない寺社があった場合は、お願いするといい。オリジナル手ぬぐいや御朱印帳もある。

歩行時間……約1時間10分　歩行距離……約4.6km

DATA

[エリア] 千葉県佐倉市
[ご開帳&御朱印受付]
1月1日～10日、毎月10日　10:00～16:00
[問い合わせ]
佐倉商工会議所 ☎043-486-2331

① 弁財天　嶺南寺《れいなんじ》

●千葉県佐倉市新町74

寛永19（1642）年、信濃松本藩主だった堀田《ほった》加賀守正盛《かがのかみまさもり》の佐倉移封とともに松本より移り建立された。開山は陽南良雪大和尚。本尊は釈迦牟尼佛《しゃかむにぶつ》で、本堂内には閻魔大王《えんまだいおう》を安置している。また、作家・吉川英治の母方である山上家の墓がある。本堂内に安置されている弁財天は、一面八臂《いちめんはっぴ》像で大変めずらしく貴重なもの（正月のみご開帳）。

こぢんまりとした本堂だが趣があり心が落ち着く

② 毘沙門天　甚大寺《じんだいじ》

●千葉県佐倉市新町78

慶長20（1615）年、天台宗、比叡山延暦寺の末寺として建立。もとは出羽国山形にあり、山形藩主・堀田正亮が佐倉藩に移った際、佐倉に移されたとされる。本尊は十一面観音菩薩。そのほかにも金毘羅尊、不動明王、仁王尊、そして堂々とした姿の毘沙門天が祀られる。毎月10日は、金比羅権現の招福を祈願する縁日が開かれる。

境内には健康祈願の「お身ぬぐい観音」もある

③ 寿老人　宗圓寺《そうえんじ》

●千葉県佐倉市新町89

臨済宗妙心寺派の寺で、本尊は観世音菩薩。寛永16（1639）年に松本城主・堀田加賀守正盛が松本に建立した円覚山慧光院の境内に、19歳で卒去した正盛の弟、堀田佐兵衛安利《ほったさひょうえやすとし》の冥福を祈り創建された。寛永19（1642）年に佐倉の地に移転。境内の左手には、足元に鹿を連れた寿老人の石像があるほか、本堂内にも安置している。

墓地には順天堂創立者・佐藤泰然の墓などがある

コースと所要時間

- スタート　京成佐倉駅（●京成本線）
- 1.0km ― 15分
- ① 嶺南寺（弁財天）
- 0.1km ― 1分
- ② 甚大寺（毘沙門天）
- 0.1km ― 1分
- ③ 宗圓寺（寿老人）
- 0.6km ― 10分
- ④ 松林寺（毘沙門天）
- 0.4km ― 6分
- ⑤ 妙隆寺（大黒天）
- 0.7km ― 11分
- ⑥ 麻賀多神社（恵比寿・福禄寿）
- 0.7km ― 11分
- ⑦ 大聖院（大黒天・布袋尊）
- 1.0km ― 15分
- ゴール　佐倉駅（●JR総武本線）

本堂は、千葉県の有形文化財に指定されている

4 毘沙門天 松林寺《しょうりんじ》

●千葉県佐倉市弥勒町93-1

慶長15（1610）年、佐倉藩主・土井《どい》利勝《としかつ》が土井家の菩提寺として建立したのが松林寺。本堂は、利勝が春日局に譲り受けた聖観音像を安置するために建てた観音堂。このコースふたつめの毘沙門天は、大佐倉の陣屋に徳川家康の五男、武田信吉が祀ったのを最後に、松林寺に奉納されたと伝えられる。秘仏のため公開はない。

5 大黒天 妙隆寺《みょうりゅうじ》

●千葉県佐倉市鏑木町188

妙隆寺は、文明3（1471）年に日意《にちい》上人《しょうにん》により開創された日蓮宗の寺院。当初は佐倉城の大手門を出た右側（現佐倉城址公園）にあったが、宝永年間（1704〜1710）に現在地に移った。大黒天は、本堂内に安置されている。子安鬼子母神、加藤清正公、稲荷尊を祀り、毎年、立春には祈祷祭が行われる。

「ここは森か?」と見紛う緑豊かな中にある妙隆寺

境内には福禄寿と恵比寿の石像があり、なでることができる

6 恵比寿・福禄寿 麻賀多神社《まかたじんじゃ》

●千葉県佐倉市鏑木町933-1

北総印旛沼の南岸、八千代市から成田市まで十八社鎮座している中の一社で旧佐倉藩の総鎮守。古くから「まかたさま」と人々に親しまれ崇敬されてきた。ご祭神「稚産霊命《わかむすびのみこと》」様は万事を結び育てるご神徳があり、恋愛成就・健児育成を祈る人々が多く訪れる。福禄寿は本殿右隣りの三峯神社、恵比寿は本殿左隣りの疱瘡《ほうそう》神社に安置されている。

7 大黒天・布袋尊 大聖院《だいしょういん》

●千葉県佐倉市鏑木町661

鎌倉時代初期に開山された真言宗豊山派の寺院。本尊の大日如来は、佐倉市指定有形文化財に指定されている。儒学者・吉見南山や佐倉藩刀鍛冶・細川忠義の墓もある。ここの剣を持った大黒天はとても貴重。本堂内に安置されているが秘仏のため非公開。布袋の石像は通年参詣可。武家屋敷通りの奥に位置し散策する人々が多く見られる。

本堂の向かって左側に、布袋の石像を安置している

佐倉七福神コースマップ

京成佐倉駅
スタート
歴史民俗博物館
佐倉城址公園
観光協会
栄町
成田街道
並木町
296
最上町
2 甚大寺（毘沙門天）
嶺南寺（弁財天）1
松林寺（毘沙門天）4
佐倉市
宗圓寺（寿老人）3
新町
麻賀多神社（恵比寿・福禄寿）6
市立美術館
手づくり工房さくら
おもてなしラボ
新町
妙隆寺（大黒天）5
宮小路町
佐倉順天堂記念館へ
ひよどり坂
旧但馬家住宅
旧河原家住宅
武家屋敷通り
7 大聖院（大黒天・布袋尊）
鏑木町1
JR佐倉駅入口
旧堀田邸
佐倉署
鏑木町2
高崎川
296
表町3
JR総武本線・成田線
ゴール
佐倉駅
立ち寄りスポット
N
0
200m

佐倉初のゲストハウス「おもてなしラボ」

展覧会やイベントを開催する「市立美術館」。入館料無料

御朱印代行を務める「手づくり工房さくら」。お土産も

江戸時代とほぼ変わらぬ竹林に囲まれた古径「ひよどり坂」

武家屋敷／江戸時代に佐倉藩士の住んだ「武家屋敷」3棟を復元
●佐倉市宮小路町57

● 企画・編集　スタジオパラム

● Director　清水信次
● Editor & Writer　石井信子
島上絹子
西村　泉
吉田正広
● Design　スタジオパラム
● Illustration　渡部直子
● Map　ジェオ

東京周辺　七福神めぐり　ご利益さんぽコース　改訂版

2020年11月30日　第1版・第1刷発行

著　者　七福神散歩会（しちふくじんさんぽかい）
発行者　株式会社メイツユニバーサルコンテンツ
（旧社名：メイツ出版株式会社）
代表者　三渡　治
〒102-0093 東京都千代田区平河町一丁目1-8

印　刷　株式会社厚徳社

ご意見・ご感想はホームページから承っております。
ウェブサイト https://www.mates-publishing.co.jp/

編集長：折居かおる　副編集長：堀明研斗　企画担当：堀明研斗／折居かおる

※本書は2016年発行の『東京周辺　七福神めぐり ご利益さんぽコース』の改訂版です。